僕はかわいい顔はしていたかもしれないが体も心も弱い子でした。

その上臆病者で、

言いたいことも言わずにすますような質でした。

だからあんまり人からは、かわいがられなかったし、友達もない方でした。

나는 얼굴은 귀여운 축에 들었지만, 몸도 약하고 마음도 나약한 아이였습니다.

게다가 겁쟁이였기 때문에 하고 싶은 말도 제대로 하지 못하는 성격이었습니다.

그래서 주변 사람 들에게 그다지 귀여움을 받지 못했고 친구도 적은 편이었습니다.

子供の頃の出来事を思い出して

ドキドキしながら読んでみましょう。

어린 시절을 떠올리면서

두근거리는 마음을 안고 읽어보세요.

一房の葡萄

한 송이 포도

*외국어는 공부가 아니라 다른 세상과의 만남입니다. Raspberry 라즈베리

一房の葡萄
한 송이 포도

ひと ふさ ぶ どう

〈원작〉

이 책은 원작을 그대로 살리면서 고어는 자연스러운 현대어로 바꿨습니다.

〈배경〉

'한 송이 포도'는 1920년 『赤い鳥(아카이 토리)』라는 잡지에 실린 글입니다. 작품의 배경은 작가 아리시마가 유년시절을 보낸 요코하마라는 항구도시입니다. 1859년 서양세력에 의해 개항을 한 요코하마의 이국적 배경과 우월해 보이는 서양사람들 사이에서 상대적으로 열등감을 느끼는 일본인인 '나'의 심리적인 콤플렉스가 잘 묘사되어 있습니다.

〈구성〉

총 5단계로 되어 있습니다. 같은 동화를 반복해서 읽고, 듣고, 쓰고, 낭독해 보면서 부족하게 느꼈던 일본어를 즐기면서 채워 보세요.

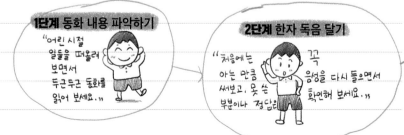

1단계 동화 내용 파악하기

"어린 시절 일들을 떠올려 보면서 두근두근 동화를 읽어 보세요."

2단계 한자 독음 달기

"처음에는 아는 만큼 써보고, 못 쓴 부분이나 정답과 꼭 음성을 다시 들으면서 확인해 보세요."

3단계 주요 단어와 문장 채우기

"처음에는 직역에 가까운 해석을 보고 작문을 해보고 잘 모르는 곳은 음성을 들으면서 채워 넣으세요."

4단계 주요 단어와 문형 익히기

"해석을 해면서 주요 단어와 문형을 익혀 보세요."

5단계 낭독하기

"음성을 들으며 억양에 주의해서 낭독해 보세요."

《 감상 》

誰にでも一つぐらいは心の奥にしまっているまだ未熟で幼かった頃の恥ずかしい記憶ってありますよね。そんな間違った行動をしてしまった時、先生みたいな人に出会ったら、それが人間として成長できるきっかけになると思います。この童話は道徳的かつ倫理的な教訓というよりは温かい人間味のあふれた作品だと思います。

모든 것이 미숙한 어린 시절, 누구나 하나쯤은 비밀로 묻어 둔 부끄러운 기억들이 있죠. 그런 잘못된 행동을 저질렀을 때 선생님 같은 사람을 만난다면 인간으로 한층 성장하는 계기가 될 거예요. 이 동화는 도덕적이고 논리적인 교훈보다는 따뜻한 인간미가 넘치는 작품이랍니다.

- 원작 ≪一房の葡萄≫ 일본 아마존 서평 中 -

"시작!"

1단계

동화 내용 파악하기

一房の葡萄

1

1-1

僕は小さい時に絵を描くことが好きでした。

僕の通っていた学校は横浜の山の手というところにありましたが、そこいらは西洋人ばかり住んでいる町で、僕の学校も教師は西洋人ばかりでした。そしてその学校の行きかえりにはいつでもホテルや西洋人の会社などが並んでいる海岸の通りを通るのでした。

通りの海沿いに立ってみると、真っ青な海の上に軍艦だの商船だのがいっぱい並んでいて、煙突からけむりの出ているのや、檣から檣へ万国旗をかけわたしたのやがあって、目がいたいようにきれいでした。

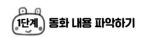

한 송이 포도

1

1-1

나는 어렸을 때 그림 그리는 것을 좋아했습니다.

내가 다니던 학교는 요코하마의 야마노테라는 곳에 있었는데 그곳은 외국사람들이 많이 모여 사는 데라서 우리 학교 선생님들도 다 외국인이었습니다. 그리고 학교를 오갈 때는 항상 호텔이나 외국인 회사들이 들어서 있는 해안가 길을 지나야 했습니다.

해안가 길에 서서 바다 쪽을 바라보고 있노라면, 새파란 바다 위에 군함과 선박들이 쭉 줄지어 연기를 내뿜는 모습과 돛대 사이에 걸린 만국기의 모습이 눈이 부실 정도로 아름다웠습니다.

단어장

一房(ひとふさ) 한 송이	葡萄(ぶどう) 포도
絵(え)を描(か)く 그림을 그리다	通(かよ)う 다니다, 왕래하다
そこいら 거기 어디, 그 근방	行(い)きかえり 오감, 왕복
海岸(かいがん) 해안, 바닷가	通(とお)り 길
海沿(うみぞ)い 해안, 바닷가	真(ま)っ青(さお) 새파람
軍艦(ぐんかん) 군함	商船(しょうせん) 상선 (여객선, 화물선 등의 배)
~だの~だの ~라든가 ~라든가	並(なら)ぶ 한 줄로 서다, 늘어서다
煙突(えんとつ) 굴뚝	けむり 연기
檣(ほばしら) 돛대	万国旗(ばんこくき) 만국기

9

1-2

僕はよく岸に立ってその景色を見渡して、家に帰ると、覚えて
いるだけをできるだけ美しく絵に描いてみようとしました。

けれどもあの透きとおるような海の藍色と、白い帆前船など
の水際近くに塗ってある洋紅色とは、僕の持っている絵具で
はどうしてもうまく出せませんでした。
いくら描いても描いても本当の景色で見るような色には描け
ませんでした。

ふと僕は学校の友達の持っている西洋絵具を思い出しました。
その友達はやはり西洋人で、しかも僕より二つくらい年が上で
したから、背は見上げるように大きい子でした。

ジムというその子の持っている絵具は舶来の上等のもので、
軽い木の箱の中に、十二色の絵具が小さな墨のように四角な
形にかためられて、二列に並んでいました。
どの色も美しかったが、とりわけて藍と洋紅とはびっくりする
ほど美しいものでした。

1-2

나는 바닷가에 서서 그 풍경을 눈에 담았다가 집에 돌아가면 기억 나는 것을 가능한 예쁘게 그려보려는 노력을 반복했습니다.

하지만 맑고 투명한 바다의 짙은 파란색과 새하얀 서양식 범선 아랫부분에 칠해진 짙은 빨간색은 내가 가지고 있는 물감으로는 도저히 표현할 수가 없었습니다.

아무리 똑같이 그려보려고 해봐도 실제 풍경과 같은 색이 나오지 않았습니다.

나는 문득 학교 친구의 서양 물감을 떠올렸습니다.

그 친구 역시 외국사람이었고, 나보다 나이가 두 살 정도 많았기 때문에 위로 올려봐야 할 정도로 키가 큰 아이였습니다.

짐이라고 하는 그 아이가 가지고 있는 물감은 바다를 건너온 고급품으로 가벼운 나무상자 속에는 작고 네모난 먹 모양으로 생긴 12색 고체물감이 두 줄로 놓여져 있었습니다.

모든 색이 다 예뻤지만 특히 파란색과 빨간색은 정말 놀라울 정도로 예뻤습니다.

단어장

岸(きし) 물가, 벼랑, 낭떠러지	景色(けしき) 경치, 풍경
見渡(みわた)す 멀리 바라보다, 전망하다	透(す)きとおる 비쳐 보이다, 투명하다
藍色(あいいろ) blue, 남빛, 쪽빛	帆前船(ほまえせん) 서양식 대형 범선
水際(みずぎわ) 물가	塗(ぬ)る 칠하다
洋紅色(ようこうしょく) scarlet, 진홍색	絵具(えのぐ)=絵(え)の具(ぐ) 물감
ふと 문득, 갑자기	思(おも)い出(だ)す 생각해 내다
背(せ)=身長(せい) 키	見上(みあ)げる 우러러 보다, 올려다 보다
舶来(はくらい) 바다를 건너옴, 외제	上等(じょうとう) 고급, 훌륭함
墨(すみ) 먹	とりわけて 특히, 유달리

11

1-3

ジムは僕より背が高いくせに、絵はずっと下手でした。
それでもその絵具を塗ると、下手な絵さえがなんだか見ちが
えるように美しく見えるのです。

僕はいつでもそれをうらやましいと思っていました。
あんな絵具さえあれば僕だって海の景色を本当に海に見える
ように描いてみせるのになあと、自分の悪い絵具を恨みなが
ら考えました。

そうしたら、その日からジムの絵具がほしくってほしくってた
まらなくなりました。
けれども僕はなんだか臆病になってパパにもママにも買って
くださいと願う気になれないので、毎日毎日その絵具のこと
を心の中で思いつづけるばかりで幾日か日が経ちました。

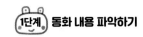

1-3

짐은 나보다 키는 훨씬 더 컸지만 그림은 훨씬 더 못 그렸습니다.

그런데 그 물감으로 칠하면 왠지 못 그린 그림도 무슨 훌륭한 작품처럼 그럴싸하게 보이는 것입니다.

나는 늘 그것이 부러웠습니다.

'그 물감만 있으면 나도 바다를 진짜 생생하게 그려낼 수 있을 텐데……'라는 생각이 들자 내 싸구려 물감이 원망스럽기까지 했습니다.

그러자 그날부터 짐의 물감이 너무 갖고 싶어졌습니다.

하지만 나는 아빠에게도 엄마에게도 사달라고 말할 엄두가 나지 않아 괜히 지레 겁을 먹고 하루하루 그 물감을 마음속으로만 생각하며 며칠을 보냈습니다.

단어장

ずっと 훨씬, 매우, 아주	見(み)ちがえる 잘못 보다, 몰라보다
うらやましい 부럽다	恨(うら)む 원망하다, 분하게 여기다
たまらない 참을 수 없다, 견딜 수 없다	臆病(おくびょう) 겁이 많음
願(ねが)う 바라다, 원하다, 간청하다	気(き)になれない 마음에 내키지 않다
幾日(いくにち) 며칠, 몇 날	経(た)つ 지나다, 경과하다

1-4

今ではいつのころだったか覚えてはいませんが秋だったので
しょう。
葡萄の実が熟していたのですから。

天気は冬が来る前の秋によくあるように空の奥の奥まで見す
かされそうに晴れわたった日でした。

僕達は先生と一緒に弁当を食べましたが、その楽しみな弁当
の最中でも僕の心はなんだか落ち着かないで、その日の空と
はうらはらに暗かったのです。

僕は自分一人で考え込んでいました。
誰かが気がついてみたら、顔もきっと青かったかもしれません。

1-4

지금은 정확히 언제였는지 기억나지 않지만 아마 가을이었을 것입니다.

포도가 익었을 때니까요.

날씨는 겨울이 오기 전에 가을에 흔히 볼 수 있는 하늘 속 깊고 깊은 곳까지 다 꿰뚫어 볼

수 있을 것만 같은 맑고 청명한 그런 날이었습니다.

우리는 선생님과 함께 도시락을 먹었는데 그 즐거운 점심시간에도 내 마음은 왠지 편안

하지 못하고, 그날의 하늘과는 정반대로 어두웠습니다.

나는 혼자서 생각에 잠겨 있었습니다.

누군가 봤다면 틀림없이 얼굴이 새파랗게 질려 있는 것을 알아차렸을 것입니다.

단어장

熟(じゅく)す 잘 익다, 무르익다

見透(みす)かす 들여다 보다, 꿰뚫어 보다, 자세히 보다

晴(は)れわたる 활짝 개다

最中(さいちゅう) 한창인 때, 한중간

落(お)ち着(つ)く 침착하다, 진정되다, 안정되다

うらはら 거꾸로 됨, 정반대

考(かんが)え込(こ)む 생각에 잠기다

気(き)がつく 알아차리다

1-5

僕はジムの絵具がほしくってほしくってたまらなくなってしまったのです。

胸が痛むほどほしくなってしまったのです。

ジムは僕の胸の中で考えていることを知っているに違いないと思って、そっとその顔を見ると、ジムはなんにも知らないように、面白そうに笑ったりして、わきに座っている生徒と話をしているのです。

でもその笑っているのが僕のことを知っていて笑っているようにも思えるし、何か話をしているのが、「いまに見ろ、あの日本人が僕の絵具を取るに違いないから」といっているようにも思えるのです。

僕はいやな気持ちになりました。
けれどもジムが僕を疑っているように見えれば見えるほど、僕はその絵具がほしくてならなくなるのです。

1-5

나는 짐의 물감이 갖고 싶어서 도저히 참을 수가 없었습니다.

정말 미치도록 갖고 싶었습니다.

내가 마음속으로 생각하고 있는 것을 틀림없이 짐이 눈치를 챘을 것만 같아서 슬쩍 짐을 쳐다봤습니다. 다행히 짐은 아무것도 모르는 듯 즐겁게 웃으며 옆에 앉아 있는 학생과 이야기를 나누고 있었습니다.

하지만 그 웃음이 왠지 내 마음을 알면서 웃고 있는 것 같기도 하고, 지금 나누는 대화도 '두고 보라고, 저 일본인이 내 물감을 틀림없이 훔칠 테니까.'라고 꼭 내 얘기를 하고 있는 것처럼 느껴지기도 했습니다.

나는 얄미운 생각이 들었습니다.

하지만 짐이 나를 의심하고 있을 거라는 생각이 확고해질수록, 나는 짐의 물감이 더욱 갖고 싶어서 견딜 수가 없었습니다.

단어장

痛(いた)む 아프다

いまに見(み)ろ 어디 두고 보자

~に違(ちが)いない ~임에 틀림없다

疑(うたが)う 의심하다

2

2-1

僕はかわいい顔はしていたかもしれないが体も心も弱い子でした。その上臆病者で、言いたいことも言わずにすますような質でした。だからあんまり人からは、かわいがられなかったし、友達もない方でした。

昼御飯がすむと他の子供達は活発に運動場に出て走り回って遊びはじめましたが、僕だけはなおさらその日は変に心が沈んで、一人だけ教室に入っていました。外が明るいだけに教室の中は暗くなって僕の心の中のようでした。

自分の席に座っていながら、僕の目は時々ジムの机の方に走りました。ナイフで色々ないたずら書きが彫りつけてあって、手垢で真っ黒になっているあの蓋をあげると、その中に本や雑記帳や鉛筆箱と一緒になって、飴のような木の色の絵具箱があるんだ。そしてその箱の中には小さい墨のような形をした藍や洋紅の絵具が……

2

2-1

나는 얼굴은 귀여운 축에 들었지만, 몸도 약하고 마음도 나약한 아이였습니다. 게다가 겁쟁이였기 때문에 하고 싶은 말도 제대로 하지 못하는 성격이었습니다. 그래서 주변 사람들에게 그다지 귀여움을 받지 못했고 친구도 적은 편이었습니다.

점심식사를 마친 뒤 다른 아이들은 우르르 운동장에 나가 뛰어 놀았지만, 나는 그날따라 이상할 정도로 기분이 축 가라앉아 혼자서 교실에 남았습니다. 밖이 밝은 만큼 더욱 어둡게 보이는 교실이 꼭 내 마음속 같다는 생각이 들었습니다.

내 자리에 앉아 있는데도 시선은 자꾸만 짐의 책상 쪽으로 향했습니다. '장난치면서 이리저리 칼로 새겨놓은 낙서자국들, 손때가 묻어 새카매진 저 뚜껑을 열면, 그 속에 책과 노트, 연필과 함께 갈색 엿 색깔의 나무 물감 상자가 있을 것이다. 그리고 그 상자 속에는 조그만 먹 모양의 파란색, 빨간색 고체물감이……'

단어장

臆病者(おくびょうもの) 겁쟁이	質(たち) 성질, 체질
活発(かっぱつ) 활발	運動場(うんどうじょう・うんどうば) 운동장
走(はし)り回(まわ)る 뛰어 다니다	沈(しず)む 가라앉다
教室(きょうしつ) 교실	～だけに ~으니만큼
いたずら書(が)き 쓰면 안 되는 곳에 글씨를 쓰거나 그림을 그려 놓는 것	
彫(ほ)りつける 새겨 넣다	手垢(てあか) 손때
蓋(ふた)を上(あ)げる 뚜껑을 올리다	雑記帳(ざっきちょう) 여러 가지 일을 적는 공책
鉛筆箱(えんぴつばこ) 연필통, 필통	飴(あめ) 엿

2-2

僕は顔が赤くなったような気がして、思わずそっぽを向いてしまうのです。けれどもすぐまた横目でジムの机の方を見ないではいられませんでした。胸のところがどきどきとして苦しいほどでした。じっと座っていながら夢で鬼にでも追いかけられた時のように気ばかりせかせかしていました。

教室に入る鐘がかんかんと鳴りました。僕は思わずぎょっとして立ち上がりました。生徒達が大きな声で笑ったりどなったりしながら、洗面所の方に手を洗いに出かけていくのが窓から見えました。

僕は急に頭の中が氷のように冷たくなるのを気味悪く思いながら、ふらふらとジムの机の所に行って、半分夢のようにそこの蓋をあげてみました。そこには僕が考えていたとおり雑記帳や鉛筆箱とまじって見覚えのある絵具箱がしまってありました。

なんのためだかしらないが僕はあっちこっちを見回してから、誰も見ていないなと思うと、手早くその箱の蓋を開けて藍と洋紅との二色（ふた いろ）を取り上げるが早いかポケットの中に押し込みました。そして急いでいつも整列（せい れつ）して先生を待っている所に走っていきました。

2-2

나는 얼굴이 빨개진 것 같은 느낌이 들어서 나도 모르게 다른 쪽으로 고개를 돌렸습니다.

하지만 또다시 곁눈질로 짐의 책상을 쳐다보지 않고는 견딜 수가 없었습니다.

가슴이 두근거려서 괴로워 미칠 지경이었습니다. 가만히 앉아 있는데도 꿈에서 무서운 귀신에게 쫓길 때처럼 마음은 안절부절못하고 있었습니다.

교실로 들어가라는 종이 땡땡 울렸습니다. 나는 나도 모르게 깜짝 놀라 자리에서 일어났습니다. 학생들이 큰 소리로 웃기도 하고 소리를 지르기도 하면서 세면장으로 손을 씻으러 가는 모습이 창문을 통해 보였습니다.

나는 갑자기 머릿속이 얼음장처럼 차가워지면서 으스스한 느낌마저 들면서 비틀비틀 짐의 책상이 있는 곳으로 가서, 반은 꿈을 꾸는 듯한 기분으로 책상의 뚜껑을 열어봤습니다. 거기에는 내가 예상한 대로 노트와 필통 사이에 섞여 낯익은 물감 상자가 들어 있었습니다.

왜 그랬는지는 알 수 없지만 나는 여기저기를 둘러본 후 아무도 없다는 생각이 들자, 재빨리 물감 상자의 뚜껑을 열어 파란색과 빨간색, 두 가지 색을 꺼내 얼른 주머니에 밀어 넣었습니다. 그리고 항상 줄을 서서 선생님을 기다리는 장소로 재빨리 달려갔습니다.

단어장

そっぽを向(む)く 외면하다	横目(よこめ) 곁눈, 곁눈질
追(お)いかける 뒤쫓아 가다	せかせか 허둥지둥, 조마조마 (불안한 모양, 침착하지 못한 모양)
思(おも)わず 엉겁결에, 무의식 중에	ぎょっと 섬뜩, 흠칫, 철렁
立(た)ち上(あ)がる 일어서다	気味悪(きみわる)い 어쩐지 기분이 나쁘다
見覚(みおぼ)えのある 본 기억이 있는	手早(てばや)い 재빠르다, 잽싸다
押(お)し込(こ)む 억지로 밀어 넣다, 처넣다	整列(せいれつ)する 정렬하다, 줄을 서다

2-3

僕達は若い女の先生に連れられて教室に入りめいめいの席に座りました。僕はジムがどんな顔をしているか見たくってたまらなかったけれども、どうしてもそっちの方を振り向くことができませんでした。

でも僕のしたことを誰も気のついた様子がないので、気味が悪いような、安心したような心持ちでいました。

僕の大好きな若い女の先生のおっしゃることなんかは耳に入りは入ってもなんのことだかちっともわかりませんでした。

先生も時々不思議そうに僕の方を見ているようでした。

僕はしかし先生の目を見るのがその日に限ってなんだかいやでした。そんなふうで一時間が経ちました。

なんだかみんな耳こすりでもしているようだと思いながら一時間が経ちました。

教室を出る鐘が鳴ったので僕はほっと安心してため息をつきました。けれども先生が行ってしまうと、僕は僕のクラスで一番大きな、そしてよくできる生徒に「ちょっとこっちにおいで」とひじの所をつかまれていました。

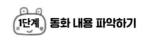

2-3

우리는 젊은 여선생님을 따라서 교실로 들어가 각자 제자리에 앉았습니다. 나는 짐이 어떤 표정을 짓고 있을지 보고 싶어서 참을 수가 없었지만, 도저히 고개를 돌려 뒤쪽을 바라볼 수가 없었습니다.

내가 한 일을 아무도 눈치채지 못한 것 같아 안심이 되기도 하면서, 한편으로는 찜찜한 기분이 들었습니다.

내가 그렇게 좋아하는 선생님의 말씀도 듣고는 있지만 무슨 뜻인지는 조금도 알 수 없었습니다.

선생님도 이따금 이상하다는 눈빛으로 나를 보고 있는 것 같았습니다.

그렇게 좋아하던 선생님의 눈을 어쩐 일인지 그날만은 바라보기가 싫었습니다.

그런 식으로 한 시간이 지났습니다.

왠지 모두가 나에 대한 귓속말을 하고 있는 것 같은 느낌에 사로잡힌 채 한 시간을 보냈습니다.

수업이 끝나는 종이 울리자 나는 안도의 한숨을 내쉬었습니다.

그런데 선생님이 나가자 우리 반에서 가장 키가 크고 공부도 가장 잘하는 학생이 '잠깐 이리 와봐.' 라고 말하며 내 팔꿈치 부분을 잡았습니다.

단어장

めいめい 각각	振(ふ)り向(む)く 돌아보다
様子(ようす) 모양, 낌새, 기미	心持(こころも)ち 마음, 생각, 기분
～に限(かぎ)って ~만큼은, ~인 경우만은	耳(みみ)こすり＝耳打(みみう)ち 귀엣말
ため息(いき)をつく 한숨을 쉬다	おいで 이리 와 (가까이 부르는 손짓)
ひじ 팔꿈치	つかまる 잡히다

23

2-4

僕の胸は宿題をなまけたのに先生に名を指された時のように、思わずどきんと震えはじめました。

けれども僕はできるだけ知らないふりをしていなければならないと思って、わざと平気な顔をしたつもりで、仕方なしに運動場の隅に連れていかれました。

「君はジムの絵具を持っているだろう。ここに出したまえ」

そう言ってその生徒は僕の前に大きく広げた手をつき出しました。そう言われると僕はかえって心が落ち着いて、

「そんなもの、僕持ってやしない」

と、ついでたらめを言ってしまいました。

そうすると三四人の友達と一緒に僕のそばに来ていたジムが、

「僕は昼休みの前にちゃんと絵具箱を調べておいたんだよ。一つも無くなってはいなかったんだよ。そして昼休みが済んだら二つ無くなっていたんだよ。そして休みの時間に教室にいたのは君だけじゃないか」

と少し言葉を震わしながら言いかえしました。

2-4

내 가슴은 숙제를 안 해왔는데 선생님께 지명을 당했을 때처럼 덜컥하며 떨려오기 시작했습니다.

하지만 강제로 운동장 한쪽 구석으로 끌려가면서도 최대한 시치미를 떼야 한다는 생각에 일부러 아무렇지도 않다는 듯한 표정을 지어 보였습니다.

"너, 짐 꺼 물감을 가지고 있지. 이리 내놔."

이렇게 말하며 공부 잘하는 학생이 손을 크게

벌려 내 앞에 내밀었습니다.

그 말을 듣자 나는 오히려 마음이 차분해져서,

"난 그딴 거 없어."라고 나도 모르게 거짓말을

해버리고 말았습니다.

그러자 친구 서너 명과 함께 내 옆까지 온 짐이,

"점심시간 전에 틀림없이 물감 상자를 확인했단 말야. 없어진 게 하나도 없었어. 그런데

점심시간이 지난 뒤에 두 개가 없어졌어. 점심시간에 교실에는 너밖에 없었잖아."

라고 조금 떨리는 목소리로 말했습니다.

단어장

なまける 게을리하다	どきん 덜컥
知(し)らないふりをする 모르는 체하다	平気(へいき) 아무렇지도 않음, 태연함, 침착함
仕方(しかた)なしに 어쩔 수 없이	かえって 도리어, 오히려, 반대로
でたらめ 엉터리, 아무렇게나 함	ちゃんと 확실히, 정확하게
無(な)くなる 없어지다	済(す)む 끝나다
震(ふる)わす＝震(ふる)わせる 떨다	言(い)いかえす 되받아치다

2-5

僕はもう駄目だと思うと急に頭の中に血が流れ込んで来て顔が真っ赤になったようでした。すると誰だったかそこに立っていた一人がいきなり僕のポケットに手を差し込もうとしました。

僕は一生懸命にそうはさせまいとしましたけれども、多勢（たぜい）に無勢（ぶぜい）でとてもかないません。
僕のポケットの中からは、見る見るマーブル球（だま）（今のビー球（だま）のことです）や鉛のメンコなどと一緒に二つの絵具のかたまりがつかみ出されてしまいました。
「それ見ろ」と言わんばかりの顔をして子供達は憎らしそうに僕の顔を睨（にら）みつけました。

僕の体はひとりでにぶるぶる震えて、目の前が真っ暗になるようでした。
いいお天気なのに、みんな休み時間を面白そうに遊び回っているのに、僕だけは本当に心からしおれてしまいました。

2-5

나는 이젠 우겨봐야 소용이 없다는 생각이 들자 갑자기 머릿속으로 피가 몰려 얼굴이 새

빨갛게 되어버린 듯했습니다. 그러자 누구였는지 거기에 서 있던 친구 하나가 갑자기 내

주머니에 손을 찔러 넣으려 했습니다.

나는 필사적으로 손을 넣지 못하게 했지만 쪽수에 밀려 도저히 막아낼 수가 없었습니다.

내 주머니 속에서는 순식간에 구슬이랑 딱지와 함께 두 가지 색의 고체 물감이 나왔습니다.

'이럴 줄 알았어.'라는 표정을 지으며 아이들이 가증스럽다는 눈빛으로 내 얼굴을 노려봤

습니다.

나는 몸이 저절로 떨려오고 눈앞이 새카매지는 느낌이 들었습니다.

이렇게 날씨가 좋은데, 다른 친구들은 모두 즐겁게 뛰어 놀며 휴식시간을 보내고 있는데

나만 혼자 풀이 죽어 있었습니다.

단어장

流(なが)れ込(こ)む 흘러들다	差(さ)し込(こ)む 찔러 넣다, 집어 넣다
多勢(たぜい)に無勢(ぶぜい) 중과부적 (적은 수로는 많은 적을 대할 수 없음)	
見(み)る見(み)る 순식간에	鉛(なまり)のメンコ 납 딱지 (철 딱지)
かたまり 덩어리, 뭉치	
～と言(い)わんばかり 마치 ~라고 말하려는 듯, ~하다는 듯	
憎(にく)らしい 얄밉다, 밉살스럽다, 가증스럽다	
睨(にら)みつける 매섭게 노려보다	
しおれる 풀이 죽다	

2-6

あんなことをなぜしてしまったんだろう。

取りかえしのつかないことになってしまった。

もう僕は駄目だ。

そんなに思うと弱虫だった僕はさびしく悲しくなって来て、し

くしくと泣き出してしまいました。

「泣いておどかしたって駄目だよ」

とよくできる大きな子が馬鹿にするような憎みきったような

声で言って、動くまいとする僕をみんなで寄ってたかって二

階に引っ張っていこうとしました。

僕はできるだけ行くまいとしたけれどもとうとう力まかせに

引きずられてはしご段を登らせられてしまいました。

そこに僕の好きな受持ちの先生の部屋があるのです。

やがてその部屋の戸をジムがノックしました。

ノックするとは入ってもいいかと戸をたたくことなのです。

2-6

'왜 그런 짓을 한 것일까? 돌이킬 수 없는 일을 저질러 버렸다. 나는 이제 끝장이다.'

이런 생각이 들자 겁쟁이였던 나는 외롭고 슬퍼져서 훌쩍훌쩍 눈물을 흘리기 시작했습니다.

"울어도 소용없어."

라며 공부 잘하는 키 큰 아이가 무시하는 듯한, 증오하는 듯한 목소리로 말한 뒤, 한발자

국도 안 움직이려고 버티는 나를 여럿이 모여들어 2층으로 끌고 가려 했습니다.

나는 가지 않으려고 발버둥을 쳐봤지만 결국 억지로 끌려가다시피 하여 계단 위를 올라

가고 가고 말았습니다.

거기에는 내가 좋아하는 담임

선생님의 방이 있었습니다.

드디어 그 방의 문을 짐이 노크

했습니다.

노크란 들어가도 괜찮겠냐는 신호로 문을 두드리는 것입니다.

단어장

取(と)りかえしのつかない 돌이킬 수 없는, 되돌릴 수 없는	
弱虫(よわむし) 겁쟁이	しくしく 훌쩍훌쩍
脅(おど)かす 위협하다, 협박하다	～まい ~하지 않을 것이다
寄(よ)ってたかって 여럿이 몰려들어	引(ひ)っ張(ぱ)る 끌어당기다, 잡아당기다
とうとう 드디어, 결국, 마침내	力(ちから)まかせに 힘껏
引(ひ)きずる 질질 끌다	はしご段(だん)＝階段(かいだん) 계단
受持(うけも)ち＝担任(たんにん) 담임	やがて 머지않아, 곧

2-7

中からはやさしく「お入り」という先生の声が聞こえました。
僕はその部屋に入る時ほどいやだと思ったことはまたとあり
ません。

何か書きものをしていた先生はどやどやと入ってきた僕達を
見ると、少し驚いたようでした。
が、女のくせに男のように首の所でぶつりと切った髪の毛を
右の手で撫で上げながら、いつものとおりのやさしい顔をこ
ちらに向けて、ちょっと首をかしげただけで何の御用という
ふうをしなさいました。

そうするとよくできる大きな子が前に出て、僕がジムの絵具を
取ったことをくわしく先生に言いつけました。
先生は少し曇った顔付きをして真面目にみんなの顔や、半分
泣きかかっている僕の顔を見比べていなさいましたが、僕に
「それは本当ですか」と聞かれました。

本当なんだけれども、僕がそんないやな奴だということをど
うしても僕の好きな先生に知られるのがつらかったのです。
だから僕は答える代わりに本当に泣き出してしまいました。

2-7

안에서는 '들어오라'는 선생님의 다정한 목소리가 들려왔습니다.

나는 그 방에 들어설 때처럼 끔찍한 경험을 한 적이 없었습니다.

무엇인가를 적고 있던 선생님은 우르르 몰려들어온 우리를 보고 조금 놀란 듯했습니다.

하지만 여자면서도 남자처럼 목 부분에서 싹둑 잘라버린 머리카락을 오른손으로 쓸어올

리며 평소와 다름없는 다정한 얼굴로 우리를 바라보시면서, 고개를 조금 갸우뚱하며 무슨

일이냐는 듯한 표정을 지어 보이셨습니다.

그러자 공부를 잘하는 키 큰 아이가 앞으로 나가 내가 짐의 물감을 훔친 얘기를 선생님

께 고자질했습니다.

선생님은 조금 흐린 얼굴 표정으로 진지하게 모두의 얼굴과 울상이 되어버린 내 얼굴을

둘러보시더니, 내게 "정말인가요?"라고 물으셨습니다.

사실이었지만, 내가 그런 나쁜 녀석이라는 것을 내가

좋아하는 선생님에게 말하기가 너무나도 싫었습니다.

그래서 나는 대답 대신에 울음을 터뜨리고 말았습니다.

단어장

どやどや 우르르	~くせに ~면서
撫(な)で上(あ)げる 매만져 위로 올리다	首(くび)をかしげる 고개를 갸우뚱하다
言(い)いつける 고자질하다, 일러바치다	顔付(かおつ)き 얼굴, 표정
見比(みくら)べる 비교해 보다	つらい 괴롭다, 쓰라리다

2-8

先生はしばらく僕を見つめていましたが、やがて生徒達に向
かって静かに「もう行ってもようございます」といって、みん
なをかえしてしまわれました。
生徒達は少し物足らなそうにどやどやと下に降りて行ってし
まいました。

先生は少しの間なんとも言わずに、僕の方も向かずに自分の
手の爪を見つめていましたが、やがて静かに立って来て、僕の
肩の所を抱きすくめるようにして「絵具はもう返しましたか」
と小さな声でおっしゃいました。
僕は返したことをしっかり先生に知ってもらいたいので深々
とうなずいてみせました。

「あなたは自分のしたことをいやなことだったと思っていますか」
もう一度そう先生が静かにおっしゃった時には、僕はもうた
まりませんでした。
ぶるぶると震えて仕方がない唇を、噛（か）みしめても噛みしめて
も泣き声が出て、目からは涙がむやみに流れてくるのです。
もう先生に抱かれたまま死んでしまいたいような心持ちにな
ってしまいました。

2-8

선생님은 한동안 나를 바라보시다가 잠시 후 학생들에게 조용히 "이제 그만 돌아가도 좋아요."라고 말하며 모두를 돌려보내셨습니다.

학생들은 조금 아쉽다는 듯한 표정으로 우르르 교실로 돌아갔습니다.

선생님은 한동안 아무런 말씀도 하시지 않고 나를 바라보시지도 않고 자신의 손톱을 바라보고 있다가 곧 조용히 자리에서 일어나 내 어깨를 끌어안으시며 "물감은 돌려줬나요?"라고 낮은 목소리로 물으셨습니다.

나는 돌려줬다는 사실을 선생님께 분명히 밝히고 싶었기 때문에 고개를 크게 끄덕여 보였습니다.

"자신이 한 일을 나쁜 행동이었다고 생각하나요?"

다시 한 번 선생님이 조용한 목소리로 그렇게 말씀했을 때, 나는 더 이상 참을 수가 없었습니다.

부들부들 떨려오는 입술을 아무리 악물고 악물어봐도 울음소리가 기어코 새어 나오고 눈에서는 눈물이 펑펑 쉴 새 없이 흘러내리고 있었습니다.

선생님 품에 안긴 채 이대로 죽어버리고 싶다는 생각이 들었습니다.

단어장

見(み)つめる 응시하다, 주시하다	抱(だ)きすくめる 꽉 껴안다
返(かえ)す 돌려주다	深々(ふかぶか)と 깊숙이
うなずく 수긍하다, 끄덕이다	噛(か)みしめる 악물다, 꽉 깨물다
泣(な)き声(ごえ) 울음소리	むやみに 마구

2-9

「あなたはもう泣くんじゃない。よくわかったらそれでいいから泣くのをやめましょう、ね。次の時間には教室に出ないでもよろしいから、私のこのお部屋にいらっしゃい。静かにしてここにいらっしゃい。私が教室から帰るまでここにいらっしゃいよ。いい?」

とおっしゃりながら僕を長椅子に座らせて、その時また勉強の鐘がなったので、机の上の書物を取り上げて、僕の方を見ていられましたが、二階の窓まで高くはいあがった葡萄蔓から、一房の西洋葡萄をもぎって、しくしくと泣きつづけていた僕の膝の上にそれをおいて静かに部屋を出ていきなさいました。

2-9

"이젠 울지 말아요. 잘 알았으면 그걸로 됐으니까 이제 그만 울어요. 다음 시간에는 교실에 안 들어와도 되니까 내 방에 있어요. 여기에 가만히 있어요. 내가 교실에서 돌아올 때까지 여기에 있어요. 알겠죠?"

라고 말씀하시며 나를 긴 의자에 앉히셨습니다.

때마침 수업시간을 알리는 종이 울리자 책상 위에 있던 책을 집어들고 나를 바라보시다가, 이층 창문까지 높다랗게 기어올라온 포도 덩굴에서 한 송이 서양 포도를 따서는 훌쩍훌쩍 울고 있는 내 무릎 위에 올려놓고는 조용히 방을 나가셨습니다.

단어장

書物(しょもつ) 책

取(と)り上(あ)げる 집어 들다, 들어 올리다

もぎる 비틀어 떼다, 비틀어 따다

3

3-1

一時がやがやとやかましかった生徒達はみんな教室に入って、急にしんとするほどあたりが静かになりました。

僕はさびしくってさびしくってしようがないほど悲しくなりました。

あのくらい好きな先生を苦しめたかと思うと僕は本当に悪いことをしてしまったと思いました。

葡萄などはとても食べる気になれないでいつまでも泣いていました。

ふと僕は肩を軽くゆすぶられて目をさましました。

僕は先生の部屋でいつの間にか泣き寝入りをしていたと見えます。

少し痩せて背の高い先生は笑顔を見せて僕を見下ろしていられました。

僕は眠ったために気分がよくなって今まであったことは忘れてしまって、少し恥ずかしそうに笑いかえしながら、慌てて膝の上からすべり落ちそうになっていた葡萄の房をつまみ上げましたが、すぐ悲しいことを思い出して笑いも何も引っ込んでしまいました。

3

3-1

한동안 시끌시끌 떠들던 학생들이 모두 교실로 들어가자 갑자기 쥐 죽은 듯 조용해졌습니다.

나는 외롭고 외로워서 견딜 수 없을 정도로 슬퍼졌습니다.

그렇게도 좋아하는 선생님을 괴롭히다니 정말 나쁜 짓을 저질렀다는 생각이 들었습니다.

포도 따위 먹고 싶은 마음이 조금도 들지 않았고 그저 하염없이 눈물만 났습니다.

문득 누군가 어깨를 흔들어 나는 눈을 떴습니다.

나는 선생님의 방에서 울다 지쳐 어느새 잠이 들어버린 모양입니다.

조금 마르고 키가 큰 선생님은 웃는 얼굴로 나를 내려다보고 있었습니다.

나는 잠을 자고 난 덕분에 기분이 좋아져서 지금까지 있었던 일은 잊고 있었기 때문에,

조금 수줍은 듯이 웃어 보이다, 허둥대다가 무릎 위에서 미끄러져 떨어지려 하는 포도송

이를 집어 올렸습니다만, 곧 슬픈 일이 떠올라서 웃음이고 뭐고 거둬들이고 말았습니다.

단어장

がやがや 와글와글, 왁자지껄	やかましい 시끄럽다, 떠들썩하다, 요란스럽다
しんとする 조용하다, 잠잠하다	苦(くる)しめる 괴롭히다
ゆすぶる 흔들다	目(め)を覚(さ)ます 잠에서 깨다
いつの間(ま)にか 어느새	泣(な)き寝入(ねい)り 울다가 잠듦
眠(ねむ)る 잠들다	慌(あわ)てる 당황하다, 허둥대다
引(ひ)っ込(こ)む 그만두다, 들어가다	

3-2

「そんなに悲しい顔をしないでもよろしい。もうみんなは帰ってしまいましたから、あなたはお帰りなさい。そして明日(あす)はどんなことがあっても学校に来なければいけませんよ。あなたの顔を見ないと私は悲しく思いますよ。きっとですよ」
そういって先生は僕のカバンの中にそっと葡萄の房を入れてくださいました。

僕はいつものように海岸通りを、海を眺(なが)めたり船を眺めたりしながらつまらなく家に帰りました。
そして葡萄をおいしく食べてしまいました。

けれども次の日が来ると僕はなかなか学校に行く気にはなれませんでした。
お腹が痛くなればいいと思ったり、頭痛がすればいいと思ったりしたけれども、その日に限って虫歯一本痛みもしないのです。

3-2

"그런 슬픈 표정 짓지 않아도 돼요. 벌써 모두들 돌아갔으니 이제 그만 집에 가보세요. 그리고 내일은 무슨 일이 있어도 학교에 와야 해요. 네 얼굴이 보이지 않으면 내가 슬퍼질 거예요. 꼭이에요."

이렇게 말씀하신 선생님은 내 가방 속에 가만히 포도송이를 넣어줬습니다.

나는 평소와 다름없이 해안가 길을, 바다를 바라보기도 하고 배를 바라보기도 하면서 심심하게 집으로 돌아왔습니다.

그리고 포도를 맛있게 먹었습니다.

그런데 다음 날이 되자 나는 도무지 학교에 가고 싶은 마음이 들지 않았습니다.

배가 아파 버렸으면 좋겠다는 생각을 하기도 하고, 머리가 아파 버렸으면 좋겠다는 생각을 하기도 했지만, 그날만은 이상하게 충치조차 아프지 않았습니다.

단어장

そっと	살짝, 가만히, 몰래
眺(なが)める	바라보다
つまらない	시시하다, 따분하다
虫歯(むしば)	충치

39

3-3

仕方なしにいやいやながら家は出ましたが、ぶらぶらと考え
ながら歩きました。どうしても学校の門を入ることはできな
いように思われたのです。

けれども先生の別れの時の言葉を思い出すと、僕は先生の顔
だけはなんといっても見たくて仕方がありませんでした。
僕が行かなかったら先生はきっと悲しく思われるに違いない。
もう一度先生のやさしい目で見られたい。
ただその一事があるばかりで僕は学校の門をくぐりました。

そうしたらどうでしょう、まず第一に待ち切っていたようにジ
ムが飛んで来て、僕の手を握ってくれました。
そして昨日のことなんか忘れてしまったように、親切に僕の
手をひいてどぎまぎしている僕を先生の部屋に連れていくの
です。

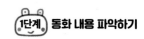

3-3

하는 수 없이 억지로 집을 나서서 어슬렁어슬렁 걸어가며 생각을 했습니다.

도저히 학교 정문을 들어설 용기가 나지 않았습니다.

하지만 마지막으로 헤어질 때 선생님께서 하신 말씀을 생각해보면, 선생님의 얼굴만은

무슨 일이 있어도 꼭 봐야겠다는 생각이 들어서 견딜 수가 없었습니다.

'내가 가지 않으면 선생님은 틀림없이 슬퍼하실 것이다.

선생님께서 다시 한 번 다정한 눈빛으로 나를 봐주셨으면 좋겠다.'

오직 그 한 가지 일만을 바라며 나는 학교 안으로 들어갔습니다.

그런데 이게 어떻게 된 일일까요?

마치 기다리고 있었다는 듯이 짐이 가장 먼저 달려와서 내 손을 잡아주었습니다.

그리고 어제 있었던 일은 전부 잊어버렸다는 듯이 친절하게 내 손을 끌어서 당황해 하는

나를 선생님 방으로 데리고 갔습니다.

단어장

ばかりで	~뿐, ~만, ~할 뿐으로
くぐる	빠져 나가다
待(ま)ち切(き)る	고대하다
どぎまぎする	당황하다, 허둥대다, 갈팡질팡하다

3-4

僕はなんだかわけがわかりませんでした。

学校に行ったらみんなが遠くの方から僕を見て

「見ろ泥棒のうそつきの日本人が来た」

とでも悪口<ruby>悪口<rt>わるくち</rt></ruby>を言うだろうと思っていたのにこんなふうにされ

ると気味が悪いほどでした。

二人の足音を聞きつけてか、先生はジムがノックしない前に、

戸を開けてくださいました。

二人は部屋の中に入りました。

「ジム、あなたはいい子、よく私の言ったことがわかってくれ

ましたね。ジムはもうあなたからあやまってもらわなくっても

いいと言っています。二人は今からいいお友達になればそれ

でいいんです。二人とも上手に握手をなさい」

と先生はにこにこしながら僕達を向かい合わせました。

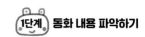

3-4

나는 어떻게 된 일인지 영문을 알 수가 없었습니다.

학교에 가면 모두가 멀리서 나를 바라보며 '저기 봐, 거짓말쟁이 일본인 도둑놈이 왔어.'라

고 욕을 할 줄 알았는데 이런 식으로 대해주자 영 개운치 않은 기분마저 들 정도였습니다.

두 사람의 발소리를 들었는지 선생님은 짐이 노크를 하기도 전에 문을 열어줬습니다.

두 사람은 방 안으로 들어갔습니다.

"짐은 참 착한 어린이예요. 내 말을 아주 잘 알아들었군요. 짐은 더 이상 사과를 받지 않

아도 된다고 말했어요. 두 사람은 지금부터 좋은 친구가 되면 되는 거예요. 이제 두 사람

서로 악수를 하세요."

라고 말한 뒤 선생님은 빙그레 웃으시며 우리를 마주보게 했습니다.

단어장

悪口(わるくち・わるぐち)を言(い)う 험담을 하다
聞(き)きつける 들어서 알다
あやまる 사과하다
向(む)かい合(あ)わせる 마주 보게 하다

3-5

僕はでもあんまり勝手過ぎるようでもじもじしていますと、ジムはいそいそとぶら下げている僕の手を引っ張り出してかたくにぎってくれました。

僕はもうなんといってこのうれしさを表せばいいのか分らないで、ただ恥ずかしく笑うほかありませんでした。

ジムも気持ちよさそうに、笑顔をしていました。

先生はにこにこしながら僕に、

「昨日の葡萄はおいしかったの」と問われました。

僕は顔を真っ赤にして「ええ」と白状するより仕方がありませんでした。

「そんならまたあげましょうね」

そういって、先生は真っ白なリンネルの着物につつまれた体を窓からのび出させて、葡萄の一房をもぎ取って、真っ白い左の手の上に粉のふいた紫色の房を乗せて、細長い銀色のはさみで真ん中からぷつりと二つに切って、ジムと僕とにくださいました。

3-5

하지만 너무 미안한 생각이 든 내가 우물쭈물 거리자, 짐은 서둘러 축 늘어진 내 손을 끌

어다 꼭 잡아주었습니다.

나는 그 기쁨을 어떻게 표현해야 할지 몰라 그저 수줍은 듯 웃음을 지어 보일 수밖에 없

었습니다. 짐도 기분 좋다는 듯이 웃음을 지어 보였습니다.

선생님이 빙그레 웃으시며 내게,

"어제 포도는 맛있었나요?"라고 물으셨습니다.

나는 얼굴을 새빨갛게 붉히며 "네."라고 자백할 수밖에 없었습니다.

"그럼 또 줄게요."

이렇게 말한 선생님은 새하얀 린넨으로 만든 옷을 걸친 몸을 창밖으로 길게 내밀어 포도

한 송이를 따서 새하얀 왼손 위에 하얀 가루가 묻어 있는 자주빛 포도송이를 올려놓고,

길고 가는 은색 가위로 한가운데를 잘라 두 개로 나눈 뒤 짐과 내게 주었습니다.

단어장

もじもじ	주저주저, 머뭇머뭇
いそいそ	허겁지겁, 부리나케, 부랴부랴
表(あらわ)す	나타내다
白状(はくじょう)する	자백하다
粉(こな)が吹(ふ)く	가루가 묻다, 가루가 나오다
ぷつり	푹, 딱

3-6

真っ白い手のひらに紫色の葡萄の粒が重なって乗っていたその美しさを僕は今でもはっきりと思い出すことができます。
僕はその時から前より少しいい子になり、少しはにかみ屋でなくなったようです。

それにしても僕の大好きなあのいい先生はどこに行かれたでしょう。
もう二度とは会えないと知りながら、僕は今でもあの先生がいたらなあと思います。

秋になるといつでも葡萄の房は紫色に色づいて美しく粉をふきますけれども、それを受けた大理石のような白い美しい手はどこにも見つかりません。

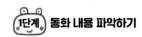

3-6

새하얀 손바닥에 자줏빛 포도 알맹이가 겹겹으로 올려져 있던 그 아름다운 모습을 나는 지금도 생생하게 기억하고 있습니다.

나는 그때부터 전보다 조금 착한 아이가 되었고, 조금은 수줍음을 덜 타는 아이가 된 것 같습니다.

그런데 내가 그렇게도 좋아하던 그 선생님은 어디로 가버린 걸까요?

이제 두 번 다시 만날 수 없다는 것을 알면서도 나는 아직도 그 선생님이 있었으면 좋겠다는 생각을 합니다.

가을이 되면 언제나 자줏빛으로 물든 포도송이는 아름다운 하얀 가루를 머금지만, 그것을 받쳐 든 대리석처럼 희고 아름다운 손은 어디에서도 찾아볼 수 없습니다.

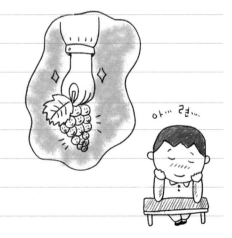

단어장

重(かさ)なる 포개지다, 겹치다
はにかみ屋(や) 수줍음을 잘 타는 사람, 부끄럼을 잘 타는 사람

2단계

한자 독음 달기

"처음에는 아는 만큼 써보고, 못 쓴 부분이나 정답은 꼭 음성을 다시 들으면서 확인해 보세요."

一房(　　)の葡萄(　　　)

1

1-1

僕(　　　)は小(　　　)さい時(　　　)に絵(　　)を描(　　　)くことが好(　　)きでした。

僕の通(　　　)っていた学校(　　　　　)は横浜(　　　　)の山(　　　)の手(　　)というところにありましたが、そこいらは西洋人(　　　　　　)ばかり住(　　　)んでいる町(　　　)で、僕の学校も教師(　　　　　)は西洋人ばかりでした。

そしてその学校の行(　　)きかえりにはいつでもホテルや西洋人の会社(　　　　　)などが並(　　　)んでいる海岸(　　　　)の通(　　　)りを通(　　　)るのでした。

50

通りの海沿(　　　　　)いに立(　　)ってみると、真(　　)っ青

(　　　　)な海の上に軍艦(　　　　　　)だの商船(

　　　　)だのがいっぱい並んでいて、煙突(　　　　　　　)か

らけむりの出ているのや、檣(　　　　　　)から檣へ万国旗

(　　　　　　　　)をかけわたしたのやがあって、目がいたい

ようにきれいでした。

1-2

僕はよく岸(　　　)に立ってその景色(　　　　　)を見渡(

　　　)して、家に帰ると、覚(　　　)えているだけをできるだ

け美(　　　)しく絵に描いてみようとしました。

けれどもあの透(　　)きとおるような海の藍色(　　　　　　)

と、白い帆前船(　　　　　　)などの水際近(

　　　)くに塗(　　)ってある洋紅色(　　　　　　　)

とは、僕の持(　　)っている絵具(　　　　　)ではどうしてもう

まく出せませんでした。

いくら描いても描いても本当の景色で見るような色(　　　)

には描けませんでした。

ふと僕は学校の友達の持っている西洋絵具を思(　　　　)い出

(　　)しました。

その友達はやはり西洋人で、しかも僕より二つくらい年(　　　)
が上でしたから、背(　　)は見上(　　　　)げるように大きい子で
した。

ジムというその子の持っている絵具は舶来(　　　　　　)の
上等(　　　　　　　)のもので、軽(　　　　)い木の箱(　　　)
の中に、十二色の絵具が小さな墨(　　　)のように四角(
　　　)な形(　　　　)にかためられて、二列(　　　　　)に並
んでいました。

どの色も美しかったが、とりわけて藍と洋紅とはびっくりする
ほど美しいものでした。

1-3

ジムは僕より背が高(　　　　)いくせに、絵はずっと下手(
　)でした。

それでもその絵具を塗(　　)ると、下手な絵さえがなんだか見
(　　)ちがえるように美しく見えるのです。

僕はいつでもそれをうらやましいと思っていました。

あんな絵具さえあれば僕だって海の景色(　　　　　)を本当に

海に見えるように描いてみせるのになあと、自分の悪(　　　　)
い絵具を恨(　　　　)みながら考えました。

そうしたら、その日からジムの絵具がほしくってほしくってた
まらなくなりました。

けれども僕はなんだか臆病(　　　　　　　　)になってパパ
にもママにも買(　　)ってくださいと願(　　　　)う気(　　)にな
れないので、毎日毎日その絵具のことを心の中で思いつづけ
るばかりで幾日(　　　　　　)か日が経(　　)ちました。

1-4

今ではいつのころだったか覚(　　　　)えてはいませんが秋(　　)
　　)だったのでしょう。

葡萄(　　　　　)の実(　　)が熟(　　　　　)していたのですから。

天気(　　　　　)は冬が来る前の秋によくあるように空(　　　)
の奥(　　　)の奥まで見すかされそうに晴(　　)れわたった日
でした。

僕達は先生と一緒(　　　　　　)に弁当(　　　　　　)を食
べましたが、その楽(　　　)しみな弁当の最中(　　　　　　)

でも僕の心はなんだか落(　　)ち着(　　)かないで、その日の空
とはうらはらに暗(　　　　)かったのです。

僕は自分(　　　　　)一人(　　　　　　)で考え込んでいました。

誰かが気がついてみたら、顔もきっと青(　　　　)かったかもし
れません。

1-5

僕はジムの絵具がほしくってほしくってたまらなくなってしま
ったのです。

胸(　　　　)が痛(　　　　　)むほどほしくなってしまったのです。

ジムは僕の胸の中で考えていることを知っているに違いない
と思って、そっとその顔を見ると、ジムはなんにも知らないよう
に、面白(　　　　　　)そうに笑(　　　　)ったりして、わきに座
(　　　)っている生徒(　　　　　)と話(　　　　　)をしている
のです。

でもその笑っているのが僕のことを知っていて笑っているよ
うにも思えるし、何か話をしているのが、「いまに見ろ、あの日
本人が僕の絵具を取(　　)るに違いないから」といっているよ

うにも思えるのです。

僕はいやな気持(　　　　)ちになりました。

けれどもジムが僕を疑(　　　　)っているように見えれば見えるほど、僕はその絵具がほしくてならなくなるのです。

2

2-1

僕はかわいい顔はしていたかもしれないが体(　　　　)も心も弱(　　　　)い子でした。

その上(　　　)臆病者(　　　　　　　)で、言いたいことも言わずにすますような質(　　　)でした。

だからあんまり人からは、かわいがられなかったし、友達もない方でした。

昼御飯(　　　　　　)がすむと他の子供達は活発(　　　　　　)に運動場に出て走(　　　)り回(　　　)って遊びはじめましたが、僕だけはなおさらその日は変(　　　)に心が沈(　　　)んで、一人だけ教室(　　　　　　)に入っていま

した。

外が明(　　　)るいだけに教室の中は暗(　　　)くなって僕の心の中のようでした。

自分の席(　　　)に座っていながら僕の目は時々ジムの机(　　　　　)の方に走りました。

ナイフで色々ないたずら書きが彫(　)りつけてあって、手垢(　　　　)で真(　)っ黒(　　　　)になっているあの蓋(　　)をあげると、その中に本や雑記帳(　　　　　　　)や鉛筆箱(　　　　　　　　)と一緒(　　　　　　　)になって、飴(　　　)のような木の色の絵具箱があるんだ。

そしてその箱の中には小さい墨(　　　)のような形(　　　)をした藍や洋紅の絵具が……

2-2

僕は顔が赤(　　　)くなったような気(　　)がして、思(　　　)わずそっぽを向(　)いてしまうのです。

けれどもすぐまた横目(　　　　)でジムの机の方を見ないではいられませんでした。

胸(　　　　)のところがどきどきとして苦(　　　　)しいほどでした。

じっと座(　　　　)っていながら夢で鬼(　　　　)にでも追(　　)いかけられた時のように気ばかりせかせかしていました。

教室(　　　　　　)に入(　　　)る鐘(　　　　)がかんかんと鳴(　　)りました。

僕は思わずぎょっとして立(　　)ち上(　　)がりました。

生徒達が大きな声で笑ったりどなったりしながら、洗面所(　　　　　　　　)の方に手を洗(　　　　)いに出かけていくのが窓(　　　　)から見えました。

僕は急(　　　　　)に頭の中が氷のように冷たくなるのを気味(　　　　)悪(　　　)く思いながら、ふらふらとジムの机の所に行って、半分(　　　　　)夢(　　)のようにそこの蓋をあげてみました。

そこには僕が考えていたとおり雑記帳や鉛筆箱とまじって見覚(　　　　)えのある絵具箱がしまってありました。

なんのためだかしらないが僕はあっちこっちを見回(　　　　)
してから、誰も見ていないなと思うと、手早くその箱の蓋を開
けて藍と洋紅との二色(　　　　　)を取(　　)り上げるが早
(　　　)いかポケットの中に押(　　)し込(　　)みました。

そして急(　　　)いでいつも整列(　　　　　　)して先生を
待っている所(　　　　)に走っていきました。

2-3

僕達は若(　　　)い女の先生に連(　　)れられて教室に入(　
　)りめいめいの席に座りました。

僕はジムがどんな顔をしているか見たくってたまらなかった
けれども、どうしてもそっちの方を振(　　)り向(　　)くことが
できませんでした。

でも僕のしたことを誰も気のついた様子がないので、気味が
悪いような、安心(　　　　　)したような心持(　　　　)
ちでいました。

僕の大好(　　　　　)きな若い女の先生のおっしゃることな
んかは耳(　　　)に入(　　　)りは入ってもなんのことだかち
っともわかりませんでした。

先生も時々(　　　　　　)不思議(　　　　　　　)そうに僕の方を
見ているようでした。

僕はしかし先生の目を見るのがその日に限(　　　)ってなん
だかいやでした。

そんなふうで一時間(　　　　　　　　)が経(　　　)ちました。

なんだかみんな耳こすりでもしているようだと思いながら一
時間が経ちました。

教室を出る鐘(　　　　)が鳴(　　　)ったので僕はほっと安心(
　　　　)してため息(　　　　)をつきました。

けれども先生が行ってしまうと、僕は僕のクラスで一番大き
な、そしてよくできる生徒に「ちょっとこっちにおいで」とひじ
の所(　　　　　)をつかまれていました。

2-4

僕の胸は宿題(　　　　　　　)をなまけたのに先生に名を指
された時のように、思わずどきんと震(　　　　)えはじめました。

けれども僕はできるだけ知らないふりをしていなければなら

ないと思って、わざと平気(　　　　)な顔をしたつもりで、仕
方(　　　　)なしに運動場の隅(　　　)に連(　　)れていかれ
ました。

「君(　　　　)はジムの絵具を持っているだろう。ここに出(　　)
したまえ」

そう言ってその生徒は僕の前に大きく広(　　　)げた手をつ
き出しました。

そう言われると僕はかえって心が落(　　)ち着(　　)いて、
「そんなもの、僕持ってやしない」
と、ついでたらめを言ってしまいました。

そうすると三四人の友達と一緒に僕のそばに来ていたジムが、
「僕は昼休みの前にちゃんと絵具箱を調(　　　)べておいた
んだよ。一つも無(　　)くなってはいなかったんだよ。そして昼
休みが済んだら二つ無くなっていたんだよ。そして休みの時
間に教室にいたのは君だけじゃないか」

と少し言葉(　　　　)を震(　　　)わしながら言いかえしま
した。

2-5

僕はもう駄目(　　　　)だと思うと急に頭の中に血(　　)が流

(　　　　)れ込(　　　)んで来て顔が真(　　)っ赤(　　)になったよう

でした。

すると誰だったかそこに立っていた一人がいきなり僕のポケッ

トに手を差(　　)し込(　　)もうとしました。

僕は一生懸命(　　　　　　　　　　　　)にそうはさせ

まいとしましたけれども、多勢(　　　　　　)に無勢(　　　　　)

でとてもかないません。

僕のポケットの中からは、見る見るマーブル球(　　　) (今の

ビー球のことです) や鉛(　　　　　)のメンコなどと一緒に二

つの絵具のかたまりがつかみ出されてしまいました。

「それ見ろ」と言わんばかりの顔をして子供達は憎(　　　)ら

しそうに僕の顔を睨(　　　)みつけました。

僕の体(　　　　)はひとりでにぶるぶる震(　　　)えて、目

の前が真っ暗になるようでした。

いいお天気なのに、みんな休(　　　)み時間(　　　　　)

61

を面白そうに遊(　　　)び回(　　　　)っているのに、僕だけは本当に心からしおれてしまいました。

2-6

あんなことをなぜしてしまったんだろう。

取(　　)りかえしのつかないことになってしまった。

もう僕は駄目(　　　　)だ。

そんなに思うと弱虫(　　　　　)だった僕はさびしく悲(　　　)しくなって来て、しくしくと泣(　　)き出(　　)してしまいました。

「泣いておどかしたって駄目だよ」
とよくできる大きな子が馬鹿(　　　　)にするような憎(　　　　)みきったような声(　　　)で言って、動(　　　)くまいとする僕をみんなで寄(　　)ってたかって二階(　　　　)に引(　　)っ張(　　)っていこうとしました。

僕はできるだけ行くまいとしたけれどもとうとう力まかせに引(　　)きずられてはしご段(　　　)を登(　　　　)らせられてしまいました。

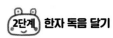
そこに僕の好きな受持(　　　　　)ちの先生の部屋(　　　　)が
あるのです。

やがてその部屋の戸(　　　)をジムがノックしました。

ノックするとは入ってもいいかと戸をたたくことなのです。

2-7

中からはやさしく「お入り」という先生の声が聞(　　　)こえました。

僕はその部屋(　　　　)に入る時ほどいやだと思ったことはま
たとありません。

何か書きものをしていた先生はどやどやと入ってきた僕達を
見ると、少し驚(　　　　　)いたようでした。

が、女のくせに男のように首(　　　　)の所でぶつりと切った髪
の毛を右の手で撫(　　　)で上げながら、いつものとおりのやさ
しい顔をこちらに向けて、ちょっと首をかしげただけで何の御
用(　　　　　)というふうをしなさいました。

そうするとよくできる大きな子が前に出て、僕がジムの絵具を
取ったことをくわしく先生に言(　　　)いつけました。

先生は少し曇(　　　　)った顔付(　　　　　　)きをして真面目
(　　　　　　)にみんなの顔や、半分(　　　　　　)泣(　　)きか
かっている僕の顔を見比(　　　　　　)べていなさいましたが、
僕に「それは本当ですか」と聞かれました。

本当なんだけれども、僕がそんないやな奴(　　　　)だというこ
とをどうしても僕の好きな先生に知られるのがつらかったの
です。

だから僕は答(　　　　)える代(　　)わりに本当に泣き出してし
まいました。

2-8

先生はしばらく僕を見つめていましたが、やがて生徒達に向
(　　)かって静(　　　　)かに「もう行ってもようございます」と
いって、みんなをかえしてしまわれました。

生徒達は少し物足(　　　　　　)らなそうにどやどやと下に降
(　　)りて行ってしまいました。

先生は少しの間(　　　　　)なんとも言わずに、僕の方も向か
ずに自分の手の爪(　　　　)を見つめていましたが、やがて静か
に立って来て、僕の肩(　　　　)の所を抱(　　)きすくめるように

して「絵具はもう返(　　　　)しましたか」と小さな声でおっしゃ
いました。

僕は返したことをしっかり先生に知ってもらいたいので深々
(　　　　　　　)とうなずいてみせました。

「あなたは自分(　　　　　)のしたことをいやなことだったと
思っていますか」

もう一度(　　　　)そう先生が静(　　　　)かにおっしゃった
時には、僕はもうたまりませんでした。

ぶるぶると震(　　　　)えて仕方がない唇(　　　　　)を、
噛(　　)みしめても噛みしめても泣(　　)き声(　　　)が出(　　)
て、目からは涙(　　　　)がむやみに流(　　　)れてくるの
です。

もう先生に抱(　　)かれたまま死(　　)んでしまいたいような心
持ちになってしまいました。

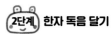

65

2-9

「あなたはもう泣くんじゃない。よくわかったらそれでいいから泣くのをやめましょう、ね。次の時間には教室に出ないでもよろしいから、私のこのお部屋にいらっしゃい。静かにしてここにいらっしゃい。私が教室から帰(　　　　)るまでここにいらっしゃいよ。いい?」

とおっしゃりながら僕を長椅子(　　　　　　　)に座(　　　　)らせて、その時また勉強(　　　　　　　　)の鐘(　　　　)がなったので、机の上の書物(　　　　　　)を取り上げて、僕の方を見ていられましたが、二階の窓まで高くはいあがった葡萄蔓(　　　　　　　　　)から、一房(　　　　　　　)の西洋葡萄をもぎって、しくしくと泣きつづけていた僕の膝(　　　)の上にそれをおいて静かに部屋を出ていきなさいました。

3

3-1

一時がやがやとやかましかった生徒達(　　　　　　　　　)はみんな教室に入って、急(　　　　　)にしんとするほどあたりが静かになりました。

僕はさびしくってさびしくってしようがないほど悲しくなりま

した。

あのくらい好きな先生を苦(　　　)しめたかと思うと僕は本当に悪(　　　)いことをしてしまったと思いました。

葡萄などはとても食べる気になれないでいつまでも泣いていました。

ふと僕は肩を軽(　　　)くゆすぶられて目をさましました。

僕は先生の部屋でいつの間(　　)にか泣(　　)き寝入(　　　)りをしていたと見えます。

少し痩(　)せて背の高い先生は笑顔(　　　　)を見せて僕を見下(　　　)ろしていられました。

僕は眠(　　　)ったために気分がよくなって今まであったことは忘(　　　)れてしまって、少し恥(　　)ずかしそうに笑(　　　)いかえしながら、慌(　　　)てて膝の上からすべり落(　　)ちそうになっていた葡萄の房をつまみ上げましたが、すぐ悲しいことを思い出して笑いも何も引っ込んでしまいました。

3-2

「そんなに悲しい顔をしないでもよろしい。もうみんなは帰（　　　）ってしまいましたから、あなたはお帰（　　　）りなさい。そして明日（　　　）はどんなことがあっても学校に来なければいけませんよ。あなたの顔を見ないと私は悲しく思いますよ。きっとですよ」

そういって先生は僕のカバンの中にそっと葡萄の房を入れてくださいました。

僕はいつものように海岸通（　　　　　）りを、海を眺（　　　）めたり船（　　　）を眺めたりしながらつまらなく家に帰りました。

そして葡萄をおいしく食べてしまいました。

けれども次の日が来ると僕はなかなか学校に行く気にはなれませんでした。

お腹（　　　）が痛（　　　）くなればいいと思ったり、頭痛（　　　　　）がすればいいと思ったりしたけれども、その日に限って虫歯（　　　）一本（　　　　　）痛（　　　）みもしないのです。

3-3

仕方(　　　　　　)なしにいやいやながら家は出ましたが、ぶらぶらと考えながら歩きました。

どうしても学校の門(　　　　)を入ることはできないように思われたのです。

けれども先生の別(　　　　)れの時の言葉を思い出すと、僕は先生の顔だけはなんといっても見たくて仕方がありませんでした。

僕が行かなかったら先生はきっと悲しく思(　　　　)われるに違(　　　　)いない。

もう一度(　　　　　　)先生のやさしい目で見られたい。

ただその一事(　　　　　　　)があるばかりで僕は学校の門をくぐりました。

そうしたらどうでしょう、まず第一(　　　　　　　　)に待(　　　)ち切(　　　)っていたようにジムが飛(　　　)んで来(　　　)て、僕の手を握(　　　　)ってくれました。

そして昨日(　　　　　)のことなんか忘(　　　　)れてしまった
ように、親切(　　　　　　　)に僕の手をひいてどぎまぎしてい
る僕を先生の部屋に連れていくのです。

3-4

僕はなんだかわけがわかりませんでした。

学校に行ったらみんなが遠(　　　　)くの方から僕を見て「見
ろ泥棒(　　　　　　　　)のうそつきの日本人が来た」とでも悪
口(　　　　　　　)を言うだろうと思っていたのにこんなふう
にされると気味が悪いほどでした。

二人(　　　　　　)の足音(　　　　　　　　)を聞きつけてか、先生
はジムがノックしない前に、戸を開(　　)けてくださいました。

二人は部屋の中に入(　　　　)りました。

「ジム、あなたはいい子、よく私の言ったことがわかってくれま
したね。ジムはもうあなたからあやまってもらわなくってもい
いと言っています。二人は今からいいお友達になればそれでい
いんです。二人とも上手に握手(　　　　　　　　)をなさい」と先
生はにこにこしながら僕達を向(　　)かい合(　　)わせました。

3-5

僕はでもあんまり勝手過(　　　　　　　)ぎるようでもじもじ
していますと、ジムはいそいそとぶら下げている僕の手を引っ
張り出してかたくにぎってくれました。

僕はもうなんといってこのうれしさを表(　　　　)せばいい
のか分らないで、ただ恥(　　)ずかしく笑うほかありませんで
した。

ジムも気持(　　　　)ちよさそうに、笑顔をしていました。

先生はにこにこしながら僕に、
「昨日の葡萄はおいしかったの」と問(　　)われました。

僕は顔を真(　　)っ赤(　　)にして「ええ」と白状(　　　　　)
するより仕方がありませんでした。
「そんならまたあげましょうね」

そういって、先生は真(　　)っ白(　　　　)なリンネルの着物(　　
　　)につつまれた体を窓からのび出させて、葡萄の一房
をもぎ取って、真っ白い左の手の上に粉のふいた紫色(　
　　　　)の房を乗(　　)せて、細長(　　　　　)い銀
色(　　　　　)のはさみで真(　　)ん中(　　　　)からぷつり

と二つに切(　　)って、ジムと僕とにくださいました。

3-6

真っ白い手のひらに紫色の葡萄の粒(　　　　)が重(　　　　)な
って乗っていたその美しさを僕は今でもはっきりと思い出す
ことができます。

僕はその時から前(　　　　)より少しいい子になり、少しはにか
み屋(　　)でなくなったようです。

それにしても僕の大好(　　　　　　)きなあのいい先生はどこ
に行かれたでしょう。

もう二度とは会えないと知りながら、僕は今でもあの先生が
いたらなあと思います。

秋になるといつでも葡萄の房は紫色に色づいて美しく粉(
　　)をふきますけれども、それを受けた大理石(
　　)のような白い美しい手はどこにも見つかりません。

3단계

주요 단어와 문장 채우기

一房の葡萄

1

 1-1

나는 어렸을 때 그림 그리는 것을 좋아했습니다.

僕は小さい時に(　　　　　　　　　)ことが(　　　　　　　　　　)。

내가 다니고 있던 학교는 요코하마의 야마노테라는 곳에 있었는데 그곳은 서양인만 살고 있는 마을로, 나의 학교 선생님도 서양인**뿐**이었습니다.

僕の(　　　　　　　　　　　　　)学校は横浜の山の手(

　　　　　　　　　　　　　　)、そこいらは西洋

人ばかり住んでいる町で、僕の学校も教師は西洋人(

　　　　　　　　　)。

그리고 그 학교의 오가는 길에는 항상 호텔이나 서양인 회사 등이 **줄지어 있는** 해안가 길을 지나는 것이었습니다.

そしてその学校の(　　　　　　　　　　　　)にはいつでもホテル

や西洋人の会社などが(　　　　　　　　　　　　)海岸の通りを

(   )。

길의 해안가에 서서 보면, **새파란** 바다 위에 군함이라든지 선박이라든지가 많이 **줄지어 있어서**, 굴뚝에서 **연기가** 나오는 것이나 돛대와 돛대에 만국기를 걸어놓은 것이 있어서, **눈이 아픈 것처럼 예뻤습니다.**

通りの海沿いに立ってみると、(   )海の上に軍艦だの商船だのがいっぱい(   )、煙突から(   )の出ているのや、檣から檣へ万国旗をかけわたしたのやがあって、(   )。

1-2

나는 자주 벼랑에 서서 그 경치를 **멀리 바라보고**, 집에 돌아오면 기억 나는 것을 **가능한** 아름답게 그려보려고 했습니다.

僕はよく岸に立ってその景色を(   )、(   )、覚えているだけを(   )美しく絵に描いてみようとしました。

하지만 그 **비쳐 보일 것 같은** 바다의 남색과 하얀 범선 등의 물이 닿는 부분 가까이게 칠해져 있는 진홍색은, 내가 **가지고 있는** 물감으로는 도저히 잘 낼 수가 없었습니다.

けれどもあの(   )海の藍色と、白い帆前船などの水際近くに塗ってある洋紅色とは、僕の(   )どうしてもうまく出

せませんでした。

아무리 그려도 그려도 진짜 경치로 보이는 듯한 색으로는 그릴 수가 없었습니다.

(　　　　　　　　)描い(　　　　　　)描い(　　　　　　)本当の景色
で見るような色には描けませんでした。

문득 나는 학교 친구가 가지고 있는 서양 물감을 **떠올렸습니다.**

(　　　　　　　)僕は学校の友達の持っている西洋絵具を(
　　　　　　　　　　　　)。

그 친구 **역시** 서양사람으로, **게다가** 나보다 두 살 정도 나이가 위였기 때문에, 키
가 우러러볼 정도로 큰 아이였습니다.

その友達は(　　　　　　　　)西洋人で、(　　　　　　　)僕より二つ
くらい年が上でしたから背は見上げるように大きい子でした。

짐이라고 하는 그 아이가 가지고 있는 물감은 **외제** 고급품으로, 가벼운 나무상자
속에, 12색 물감이 작은 먹처럼 사각형 모양으로 굳어져 있어, 두 열로 줄지어 있
었습니다.

ジム(　　　　　　　　)その子の持っている絵具は(　　　　　　)
の上等のもので、軽い木の箱の中に、十二色の絵具が小さな墨
のように四角な形にかためられて、二列に並んでいました。

어느 색도 아름다웠지만, **유달리** 남색과 진홍색은 **깜짝 놀랄** 정도로 예뻤습니다.

どの色も美しかったが、(　　　　　　　　　　)藍と洋紅とは

(　　　　　　　　　　　　)美しいものでした。

1-3

짐은 나보다 키는 큰 주제에 그림은 훨씬 서툴렀습니다.

(　　　　　　　　　　　　　　　　　　　　)。

그런데도 그 물감으로 칠하면, 서툰 그림조차도 왠지 **몰라볼 것처럼** 아름답게 보이는 것입니다.

それでもその絵具を塗ると、下手な絵さえがなんだか(　　　　

　　　　　　)美しく見えるのです。

나는 늘 그것을 **부럽다고** 생각했습니다.

僕はいつでもそれを(　　　　　　　　　　)と思っていまし

た。

저런 물감만 있으면 나도 바다의 경치를 진짜 바다처럼 보이게 그려 보일 수 있을

텐데…… 하고 나의 질 나쁜 물감을 **원망하면서** 생각했습니다.

(　　　　　　　　　　　　　　　　　　　　　　)海

の景色を本当に海に見えるように描いてみせるのになあと、

自分の悪い絵具を(　　　　　　　　　　)考えました。

그러자 그날부터 짐의 물감이 갖고 싶어서 **견딜 수가 없어졌습니다.**

そうしたら、その日からジムの絵具がほしくってほしくって
(　　　　　　　　　　　　　　　　　)。

하지만 나는 왠지 **겁쟁이가 되어**, 아빠에게도 엄마에게도 사달라고 청할 마음이

들지 않아서, 매일매일 그 물감 일을 마음속으로 **계속 생각만하고 며칠인가** 날이

지났습니다.

けれども僕はなんだか(　　　　　　　　　　　　　)

パパにもママにも買ってくださいと願う気になれないので、

毎日毎日その絵具のことを心の中で(

　　　　　　)幾日か(　　　　　　　　　　　　　)。

1-4

지금은 정확히 언제였는지 기억나지는 않지만 가을이었을 것입니다.

今ではいつのころだったか(　　　　　　　　　　　　)

秋だったのでしょう。

포도 열매가 **익어** 있었을 때니까요.

葡萄の実が(　　　　　　　　　)いたのですから。

날씨는 겨울이 오기 전의 가을에 자주 있는 듯한 하늘 속의 속까지 훤히 다 보일

것 같이 **맑고 청명한** 날이었습니다.

天気は冬が来る前の秋によくあるように空の奥の奥まで見す

かされそうに(　　　　　　　　　　　　　)でした。

우리는 선생님과 함께 도시락을 먹었는데 그 즐거운 점심시간이 한창인 때도 내 마음은 왠지 편안하지 못하고, 그날의 하늘과는 **정반대로** 어두웠습니다.

僕達は先生と一緒に弁当を食べましたが、その楽しみな弁当の最中でも僕の心はなんだか落ち着かないで、その日の空とは（ 　　　　　　　　　　 ）暗かったのです。

나는 혼자서 생각에 잠겨 있었습니다.

（ 　　　　　　　　　　　　　　　　　　　　　　 ）。

누군가 눈치를 채고 봤다면 얼굴도 아마 새파랗게 질려 있었을지도 모릅니다.

誰かが気がついてみたら、顔もきっと青かったかもしれません。

1-5

나는 짐의 물감이 너무 갖고 싶어서 참을 수가 없어져 버린 것입니다.

僕はジムの絵具がほしくってほしくって（ 　　　　　　　　　　 ）。

마음이 아플 정도로 갖고 싶어져 버린 것입니다.

胸が痛むほどほしくなってしまったのです。

짐이 내가 마음속으로 생각하고 있는 것을 알고 있음에 틀림없다는 생각에 슬쩍 짐을 쳐다보자, 다행히 짐은 아무것도 모르는 듯이 즐겁게 웃으며 옆에 앉아 있는 학생과 이야기를 나누고 있었습니다.

ジムは僕の胸の中で考えていることを(

)、そっとその顔を見る

と、ジムは(   )、面白そう

に笑ったりして、わきに座っている生徒と話をしているのです。

하지만 그 웃음이 왠지 내 마음을 알면서 **웃고 있는 것 같기도 하고**, 지금 나누는

대화도 '**두고 봐**, 저 일본인이 내 물감을 틀림없이 훔칠 테니까.'라고 말하고 있는

것처럼 느껴지기도 했습니다.

でもその笑っているのが僕のことを知っていて(

)、何か話をして

いるのが、「(   )、あの日本人が僕の絵具を

取るに違いないから」といっているようにも思えるのです。

나는 이상한 기분이 들었습니다.

僕はいやな気持ちになりました。

하지만 짐이 나를 **의심하고 있는 것처럼** 보이면 보일수록, 나는 짐의 물감이 더욱

갖고 싶어서 견딜 수가 없었습니다.

けれどもジムが僕を(   )

見えれば見えるほど、僕はその絵具がほしくてならなくなる

のです。

2

2-1

나는 귀여운 얼굴은 하고 있었을지는 모르겠지만, 몸도 약하고 마음도 나약한 아이였습니다.

僕はかわいい顔はしていた(　　　　　　　　　　　　　　　)体も心も弱い子でした。

게다가 겁쟁이였기 때문에 말하고 싶은 것도 제대로 말하지 못하는 성격이었습니다.

その上臆病者で、(　　　　　　　　　　　　)言わずにすますような質でした。

그래서 주변 사람들에게 그다지 **귀여움을 받지 못했고** 친구도 적은 편이었습니다.

だからあんまり人からは、(　　　　　　　　　　　　　　)、友達もない方でした。

점심식사를 마친 뒤 다른 아이들은 활발하게 운동장에 나가 뛰어 놀았지만, 나는 그날따라 **이상하게 기분이 축 가라앉아** 혼자서 교실에 남았습니다.

昼御飯がすむと他の子供達は活発に運動場に出て走り回って遊びはじめましたが、僕だけはなおさらその日は(　　　)心が沈んで、一人だけ教室に入っていました。

밝이 밝은 만큼 교실 안은 어두워서 꼭 내 마음속 같다는 생각이 들었습니다.

(　　　　　　　　　　　　　　　)教室の中は暗くな

って僕の心の中のようでした。

내 자리에 앉아 있는데도 시선은 자꾸만 짐의 책상 쪽으로 향했습니다.

自分の席に座っていながら僕の目は時々ジムの机の方(

)。

칼로 다양한 낙서가 새겨 놓아져 있고, 손때로 새카매져 있는 저 뚜껑을 들면, 그

속에 책과 노트, 필통과 함께 엿과 같은 나무 색의 물감 상자가 있을 것이다.

ナイフで色々ないたずら書きが彫りつけてあって、(

)真っ黒になっているあの蓋をあげると、その中

に本や雑記帳や鉛筆箱と一緒になって、飴のような木の色の

絵具箱があるんだ。

그리고 그 상자 속에는 조그만 먹 모양의 남색과 진홍색 물감이…….

そしてその箱の中には小さい墨のような形をした(

)……

2-2

나는 얼굴이 빨개진 것 같은 느낌이 들어서 나도 모르게 다른 쪽으로 고개를 돌렸

습니다.

僕は顔が赤くなったような気がして、(   )

そっぽを向いてしまうのです。

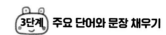

하지만 또다시 **곁눈질로** 짐의 책상을 쳐다보지 않고는 견딜 수가 없었습니다.

けれどもすぐまた(　　　　　　　　　　)ジムの机の方を見ない

ではいられませんでした。

가슴 부근이 **두근거려서** 괴로울 정도였습니다.

胸のところが(　　　　　　　　　　)苦しいほどでした。

가만히 앉아 있는데도 꿈에서 귀신에게라도 쫓길 때처럼 마음은 안절부절못하고

있었습니다.

じっと座っていながら(

　　　　　　　　　　)気ばかりせかせかして

いました。

교실로 들어가라는 종이 땡땡 하고 울렸습니다.

教室に入る(　　　　　　　　　　　　　　)。

나는 나도 모르게 깜짝 놀라 일어섰습니다.

僕は思わずぎょっとして(　　　　　　　　　　　)。

학생들이 큰 소리로 웃기도 하고 소리를 지르기도 하면서 세면장으로 손을 씻으

러 나가는 모습이 창문을 통해 보였습니다.

生徒達が大きな声で笑ったりどなったりしながら、洗面所の

方に(　　　　　　　　　　　　)出かけていくのが窓か

ら見えました。

나는 **갑자기** 머릿속이 얼음처럼 차가워지는 것을 기분 나쁘게 생각하면서, **비틀**

비틀거리며 짐의 책상이 있는 곳으로 가서, 반은 꿈을 꾸는 듯이 그곳의 뚜껑을 열

어봤습니다.

僕は(   )頭の中が氷のように冷たくなるのを気味悪

く思いながら、(   )ジムの机の所に行って、半

分夢のようにそこの蓋をあげてみました。

거기에는 내가 **생각한 대로** 노트와 필통 사이에 섞여 본 기억이 있는 물감 상자가

들어 있었습니다.

そこには僕が(   )雑記

帳や鉛筆箱とまじって(   )絵具箱がし

まってありました。

왜 그랬는지는 알 수 없지만 나는 **여기저기를 둘러보고 나서** 아무도 보고 있지 않

는다는 생각이 들자, **재빨리** 그 상자의 뚜껑을 열어 남색과 진홍색, 두 가지 색을

꺼내 얼른 주머니에 **밀어 넣었습니다.**

なんのためだかしらないが僕は(

)、誰も見ていないなと思うと、(

)その箱の蓋を開けて藍と洋紅との二色を取り上げるが早

いかポケットの中に(   )。

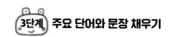

그리고 서둘러서 항상 줄을 서서 선생님을 기다리는 장소로 **달려갔습니다.**

そして急いでいつも整列して先生を待っている所に(

　　　　　　　　　　　　　　)。

2-3

우리는 젊은 여선생님을 따라서 교실로 들어가 **각자 제자리에** 앉았습니다.

僕達は若い女の先生に連れられて教室に入り(

　　　　　　　)座りました。

나는 짐이 **어떤 얼굴을** 하고 있을지 보고 싶어서 참을 수가 없었지만, 도저히 그쪽을 돌아볼 수가 없었습니다.

僕はジムが(　　　　　　　　　　　　　　　)見たくってた

まらなかったけれども、どうしてもそっちの方を振り向くこと

ができませんでした。

그래도 내가 한 일을 아무도 **눈치챈** 기미가 없는 것 같아서, 기분이 나쁜 것 같기도 하고, 안심이 되기도 했습니다.

でも僕のしたことを誰も(　　　　　　　　　　)様子がないの

で、気味が悪いような、安心したような心持ちでいました。

내가 좋아하는 젊은 여선생님의 말씀도 귀에 들어오기는 들어와도 무슨 뜻인지 **조금도** 알 수 없었습니다.

僕の大好きな若い女の先生のおっしゃることなんかは耳に入

りは入ってもなんのことだか（　　　　　　　　）わかりませんでした。

선생님도 **이따금** 이상하다는 듯이 내 쪽을 보고 있는 것 같았습니다.

先生も（　　　　　　　）不思議そうに僕の方を見ているようでした。

나는 하지만 선생님의 눈을 보는 것이 그날에 한해서 왠지 싫었습니다.

僕はしかし先生の目を見るのが（　　　　　　　　　　）
なんだかいやでした。

그런 식으로 한 시간이 **지났습니다.**

そんなふうで一時間が（　　　　　　　　　）。

왠지 모두 나에 대한 귓속말을 하고 있는 것 같은 생각을 하면서 한 시간이 지났습니다.

（　　　　　　　　　　　　　）耳こすりでもしているようだと思いながら一時間が経ちました。

수업이 끝나는 종이 울렸기 때문에 나는 휴우 안심하고 한숨을 내쉬었습니다.

教室を出る鐘が鳴ったので僕はほっと安心して（　　　　　　　　　　　　　）。

그런데 선생님이 나가자 우리 반에서 가장 키가 크고 공부도 가장 잘하는 학생이 '**잠깐 이리 와봐.**'라고 말하며 내 팔꿈치 부분을 잡았습니다.

けれども先生が行ってしまうと、僕は僕のクラスで一番大き
な、そしてよくできる生徒に「(

　　　　　)」とひじの所をつかまれていました。

2-4

내 가슴은 숙제를 안 해왔는데 선생님께 **지명을 당했을** 때처럼 갑자기 덜컥하며 떨려오기 시작했습니다.

僕の胸は宿題をなまけたのに先生に(

　　　　　　　)、思わずどきんと震えはじめました。

하지만 나는 가능한 시치미를 떼야 한다는 생각에, 일부러 아무렇지도 않다는 듯이, 어쩔 수 없이 운동장 한쪽 구석으로 끌려갔습니다.

けれども僕はできるだけ知らないふりをしていなければなら
ないと思って、(　　　　　　)平気な顔をしたつもりで、仕方な
しに運動場の隅に連れていかれました。

"너, 짐 꺼 물감을 가지고 있지. 이리 내놔."

「君はジムの絵具を(　　　　　　　　　　　)。ここに
出したまえ」

이렇게 말하며 그 학생은 내 앞에 크게 펼친 손을 내밀었습니다.

そう言ってその生徒は僕の前に大きく広げた(

).

그 말을 듣자 나는 **오히려** 마음이 차분해져서,

そう言われると僕は(   )、

"난 그딴 거 없어."라고 나도 모르게 **엉터리**를 말해버리고 말았습니다.

「そんなもの、僕持ってやしない」と、つい(   )を
言ってしまいました。

그러자 친구 서너 명과 **함께** 내 옆에 와 있던 짐이,

そうすると三四人の友達と(   )僕のそばに来
ていたジムが、

"내가 점심시간 전에 **정확하게** 물감 상자를 확인했단 말이야. 하나도 없어진 게
없었어. 그런데 점심시간이 지난 뒤에 두 개가 없어졌어. 점심시간에 교실에는 너
밖에 없었잖아."라고 조금 말을 떨면서 되받아쳤습니다.

「僕は昼休みの前に(   )絵具箱を調べておいた
んだよ。(   )。
そして昼休みが済んだら二つ無くなっていたんだよ。そして
休みの時間に教室にいたのは君だけじゃないか」と少し言葉
を震わしながら言いかえしました。

2-5

나는 이제 소용없다라는 생각이 들자, 갑자기 머릿속으로 피가 몰려 얼굴이 **새빨**
갛게 되어버린 듯했습니다.

僕はもう駄目だと思うと急に頭の中に血が流れ込んで来て
顔が(　　　　　　　　　　　　　　　　　　　　　　)。

그러자 누구였는지 거기에 서 있던 친구 하나가 갑자기 내 주머니에 **손을 찔러 넣**
으려 했습니다.

すると誰だったかそこに立っていた一人がいきなり僕のポケ
ットに(　　　　　　　　　　　　　　　　　　　　　)。

나는 필사적으로 그렇게는 못하게 했지만 **중과부적으로** 도저히 이길 수가 없었습
니다.

僕は一生懸命にそうはさせまいとしましたけれども、(　　　
　　　　　　　　)とてもかないません。

내 주머니 속에서는 순식간에 마블구슬(지금의 구슬을 말합니다)이랑 납 딱지와
함께 두 가지 물감 **덩어리**가 잡혀 나와 버렸습니다.

僕のポケットの中からは、見る見るマーブル球 (今のビー球の
ことです) や鉛のメンコなどと一緒に二つの絵具の(　　　　　
　　　　)がつかみ出されてしまいました。

'이거 봐.'라는 말이라도 하려는 듯한 얼굴을 하고, 아이들이 가증스럽다는 듯이

내 얼굴을 노려봤습니다.

「それ見ろ」(   )

子供達は憎らしそうに僕の顔を睨みつけました。

나는 몸이 **저절로** 부들부들 떨려오고 눈앞이 새카매지는 듯했습니다.

僕の体は(   )ぶるぶる震えて、目の前が真っ暗

になるようでした。

날씨가 좋은데, 모두 휴식시간을 신난다는 듯이 놀러 다니고 있는데 나만 정말 마음부터 시들어 버리고 말았습니다.

(   )、みんな休み時間を面白

そうに遊び回っているのに、僕だけは本当に心からしおれて

しまいました。

2-6

그런 짓을 왜 해버리고 만 것일까?

(   )。

돌이킬 수 없는 일이 되어버렸다.

(   )になってしまった。

나는 이제 끝장이다.

もう僕は駄目だ。

이런 생각이 들자 겁쟁이였던 나는 외롭고 슬퍼져서 훌쩍훌쩍 눈물이 나기 시작했습니다.

そんなに思うと(　　　　　　　　　　　　　　)僕はさびしく悲しくなって来て、しくしくと泣き出してしまいました。

"울어도 소용없어."

라며 공부 잘하는 키 큰 아이가 무시하는 듯한, 증오하는 듯한 목소리로 말한 뒤, 한발자국도 안 움직이려고 버티는 나를 여럿이 몰려들어 2층으로 끌어당겨 가려고 했습니다.

「泣いておどかしたって駄目だよ」

とよくできる大きな子が馬鹿にするような憎みきったような声で言って、動くまいとする僕をみんなで寄ってたかって二階に(　　　　　　　　　　　　　　　　　　　)。

나는 가지 않으려고 발버둥을 쳐봤지만 결국 억지로 끌려가다시피 하여 계단 위를 올라가고 말았습니다.

僕はできるだけ行くまいとしたけれども(　　　　　　　)力まかせに引きずられてはしご段を登らせられてしまいました。

거기에는 내가 좋아하는 담임선생님의 방이 있었습니다.

そこに僕の好きな受持ちの先生の部屋があるのです。

드디어 그 방의 문을 짐이 노크했습니다.

やがてその部屋の戸をジムがノックしました。

노크란 들어가도 괜찮겠냐는 신호로 문을 두드리는 것입니다.

ノックするとは入ってもいいかと戸をたたくことなのです。

2-7

안에서는 다정하게 '들어오라'고 하는 선생님의 목소리가 들려왔습니다.

中からはやさしく「お入り」という先生の(

　　　　　　　　　　　　　　　　　　　　　　　　　　)。

나는 그 방에 들어설 때만큼 싫단 생각을 한 적은 또 없었습니다.

僕はその部屋に入る時ほどいやだと思ったことはまたとあり
ません。

무엇인가를 적고 있던 선생님은 우르르 몰려들어온 우리를 보고 **조금 놀란 듯했
습니다.**

何か書きものをしていた先生はどやどやと入ってきた僕達を
見ると、(　　　　　　　　　　　　　　　　　　　　)。

하지만 여자면서도 남자처럼 목 부분에서 싹둑 잘라버린 머리카락을 오른손으로
쓸어올리며 평소와 다름없는 다정한 얼굴로 이쪽을 향해서, 고개를 조금 갸우뚱
하며 무슨 일이냐는 듯한 표정을 지어 보이셨습니다.

が、女のくせに男のように首の所でぶつりと切った髪の毛を

右の手で(　　　　　　　　　　　　　)、いつものとおりの
やさしい顔をこちらに向けて、ちょっと首をかしげただけで何
の御用というふうをしなさいました。

그러자 공부를 잘하는 키 큰 아이가 **앞으로 나가** 내가 짐의 물감을 훔친 얘기를 자
세하게 선생님께 **고자질했습니다.**

そうするとよくできる大きな子が(　　　　　　　　　　)、僕が
ジムの絵具を取ったことをくわしく先生に(
　　　　　　)。

선생님은 조금 흐린 얼굴 표정으로 진지하게 모두의 얼굴과 울상이 되어버린 내
얼굴을 비교해 보시더니, 내게 "그게 정말인가요?"라고 **물으셨습니다.**

先生は少し曇った顔付きをして真面目にみんなの顔や、半分
泣きかかっている僕の顔を見比べていなさいましたが、僕に
「それは本当ですか」と(　　　　　　　　　　　　)。

정말이었지만, 내가 그런 나쁜 녀석이라는 사실을 아무래도 내가 좋아하는 선생
님에게 **알려지는** 것이 괴로웠습니다.

本当なんだけれども、僕がそんないやな奴だということをど
うしても僕の好きな先生に(　　　　　　　　　　　)つらか
ったのです。

그래서 나는 대답 **대신**에 진짜 울음을 터뜨리고 말았습니다.

だから僕は答える(　　　　　　　　)本当に泣き出してしまいました。

2-8

선생님은 잠시 나를 주시하시다가 이윽고 학생들을 향해 조용히 "이제 그만 돌아가도 좋아요."라고 말하며 모두를 돌려보내셨습니다.

先生はしばらく僕を見つめていましたが、やがて生徒達に
(　　　　　　　　　　　　　)「もう行ってもようございます」
といって、みんなをかえしてしまわれました。

학생들은 조금 아쉽다는 듯이 우르르 교실로 돌아갔습니다.

生徒達は少し(　　　　　　　　　　　　　)どやどやと下
に降りて行ってしまいました。

선생님은 잠시 동안 아무런 말씀도 하시지 않고 나를 바라보시지도 않고 자신의 손톱을 응시하다가 곧 조용히 자리에서 일어나 내 쪽으로 오셔서 내 어깨를 끌어안으시며 "물감은 이미 돌려줬나요?"라고 작은 목소리로 물으셨습니다.

先生は(　　　　　　　　　)なんとも言わずに、僕の方も向かずに自分の手の爪を見つめていましたが、やがて静かに立って来て、僕の肩の所を抱きすくめるようにして「(
　　　　　　　　　　　)」と小さな声でおっしゃいました。

나는 돌려줬다는 것을 선생님께 알리고 싶어서 고개를 깊숙이 끄덕여 보였습니다.

僕は(　　　　　　　　　　　　)しっかり先生に知ってもらいた

いので深々と(　　　　　　　　　　　　　　　)。

"자신이 한 일을 나쁜 행동이었다고 생각하나요?"

「(　　　　　　　　　　　　　　　　　　　　　　)」

다시 한 번 선생님이 조용한 목소리로 그렇게 말씀했을 때, 나는 더 이상 참을 수

가 없었습니다.

もう一度そう先生が静かにおっしゃった時には、僕はもうた

まりませんでした。

부들부들 떨려오는 입술을 아무리 악물고 악물어봐도 울음 소리가 나오고 눈에서

는 눈물이 마구 흘러내리는 것입니다.

ぶるぶると震えて仕方がない唇を、噛みしめても噛みしめて

も泣声が出て、(　　　　　　　　　　　　　　　)。

그냥 선생님에게 안긴 채 이대로 죽어버리고 싶다는 생각이 들었습니다.

もう(　　　　　　　　　　　　)死んでしまいたいような

心持ちになってしまいました。

2-9

"이젠 울지 말아요. 잘 알았으면 그걸로 됐으니까 우는 건 멈춰요. 어서요. 다음

시간에는 교실에 안 들어와도 되니까 내 방에 있어요. 여기에 가만히 있어요. 내가 교실에서 돌아올 때까지 여기에 있어요. 알겠죠?"

「あなたはもう泣くんじゃない。(

　　　　　　　)泣くのをやめましょう、ね。次の時間には教室に出ないでもよろしいから、私のこのお部屋にいらっしゃい。静かにしてここにいらっしゃい。私が教室から帰るまでここにいらっしゃいよ。いい?」

라고 말씀하시며 나를 긴 의자에 앉히고, 그때 또 수업 종이 울려서, 책상 위에 있던 책을 집어들고 나를 바라보시다가, 이층 창문까지 높다랗게 기어올라온 포도덩굴에서 한 송이 서양 포도를 따서는 **훌쩍훌쩍 계속해서 울고 있는 내 무릎 위에** 올려놓고는 조용히 방을 나가셨습니다.

とおっしゃりながら僕を長椅子に座らせて、その時また勉強の鐘がなったので、机の上の書物を取り上げて、僕の方を見ていられましたが、二階の窓まで高くはいあがった葡萄蔓から、一房の西洋葡萄をもぎって、(

　　　　　　　)僕の膝の上にそれをおいて静かに部屋を出ていきなさいました。

3

3-1

한동안 시끌시끌 떠들던 학생들이 모두 교실로 들어가자 **갑자기 쥐 죽은 듯 주변**

이 조용해졌습니다.

一時がやがやとやかましかった生徒達はみんな教室に入って、(　　　　　　　　　　　　　　)あたりが静かになりました。

나는 외롭고 외로워서 견딜 수 없을 정도로 **슬퍼졌습니다.**

僕はさびしくってさびしくってしようがないほど(　　　　　　　　　　　　　　)。

그렇게도 좋아하는 선생님을 괴롭히다니 정말 나쁜 짓을 저질렀다는 생각이 들었습니다.

あのくらい好きな先生を苦しめたかと思うと僕は本当に悪いことをしてしまったと思いました。

포도 따위 조금도 **먹고 싶은** 마음이 들지 않았고 그저 하염없이 울고만 있었습니다.

葡萄などはとても(　　　　　　　　)になれないでいつまでも泣いていました。

문득 나는 누군가 어깨를 흔들어 **눈을 떴습니다.**

ふと僕は肩を軽くゆすぶられて(　　　　　　　　　　)。

나는 선생님의 방에서 어느새 **울다가 잠들어 있었던 모양입니다.**

僕は先生の部屋でいつの間にか(

)と見えます。

조금 마르고 키가 큰 선생님은 웃는 얼굴을 보이며 나를 내려다보고 있었습니다.

(   )笑顔を

見せて僕を見下ろしていられました。

나는 잠을 자고 난 덕분에 **기분이 좋아져서** 지금까지 있었던 일은 잊고 있었기 때문에, 조금 수줍은 듯이 웃어 보이다, 허둥대다가 무릎 위에서 미끄러져 떨어지려하는 포도송이를 집어 올렸습니다만, 곧 슬픈 일이 떠올라서 웃음이고 뭐고 거둬들이고 말았습니다.

僕は眠ったために(   )今まであったことは忘れてしまって、少し恥ずかしそうに笑いかえしながら、慌てて膝の上からすべり落ちそうになっていた葡萄の房をつまみ上げましたが、すぐ悲しいことを思い出して笑いも何も引っ込んでしまいました。

3-2

"그런 슬픈 얼굴을 하지 않아도 돼요. 벌써 모두들 돌아갔으니 이제 그만 집에 가 보세요. 그리고 내일은 무슨 일이 있어도 학교에 오지 않으면 안 돼요. 네 얼굴이 보이지 않으면 내가 슬퍼질 거예요. 꼭이에요."

「(   )でもよろしい。

もうみんなは帰ってしまいましたから、あなたはお帰りなさ

い。(

）。あなたの顔を

見ないと私は悲しく思いますよ。きっとですよ」

이렇게 말씀하신 선생님은 내 가방 속에 가만히 포도송이를 넣어줬습니다.

そういって先生は僕のカバンの中に（　　　　　）葡萄の房を

入れてくださいました。

나는 평소와 다름없이 해안가 길을, 바다를 바라보기도 하고 배를 바라보기도 하

면서 심심하게 집으로 돌아왔습니다.

僕はいつものように海岸通りを、海を（　　　　　　　）船を

（　　　　　　　　　　　）つまらなく家に帰りました。

그리고 포도를 맛있게 먹었습니다.

そして葡萄を（　　　　　　）食べてしまいました。

그런데 다음 날이 되자 나는 도무지 학교에 갈 마음이 들지 않았습니다.

けれども次の日が来ると僕はなかなか（

）。

배가 아파 버렸으면 좋겠다는 생각을 하기도 하고, 머리가 아프면 좋겠다는 생각

을 하기도 했지만, 그날만은 이상하게 충치 하나조차 아프지 않았습니다.

お腹が痛くなればいいと思ったり、頭痛がすればいいと思っ

たりしたけれども、その日に限って(　　　　　　　　　)痛みも
しないのです。

3-3

하는 수 없이 억지로 집을 나서서 어슬렁어슬렁 생각하면서 걸었습니다.

仕方なしにいやいやながら家は出ましたが、ぶらぶらと考え
ながら歩きました。

도저히 학교 정문을 들어설 용기가 나지 않았습니다.

どうしても学校の門を入ることはできないように思われたの
です。

하지만 마지막으로 헤어질 때 선생님께서 하신 **말을 떠올리면**, 선생님의 얼굴만
은 무슨 일이 있어도 꼭 봐야겠다는 생각이 들어서 견딜 수가 없었습니다.

けれども先生の別れの時の(　　　　　　　　　　　　)、僕
は先生の顔だけはなんといっても見たくて仕方がありません
でした。

내가 가지 않으면 선생님은 필시 **슬퍼하실 것임에 틀림없다**.

僕が行かなかったら先生はきっと(
　　　　　　　　)。

선생님께서 다시 한 번 다정한 눈빛으로 나를 봐주셨으면 좋겠다.

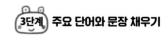

もう一度先生のやさしい目で見られたい。

오직 그 한 가지 일만을 바라며 나는 학교 안으로 들어갔습니다.

ただその一事があるばかりで僕は学校の門をくぐりました。

그런데 이게 어떻게 된 일일까요? 마치 기다리고 있었다는 듯이 짐이 가장 먼저 달려와서 내 손을 잡아주었습니다.

そうしたらどうでしょう、まず第一に待ち切っていたようにジムが飛んで来て、(　　　　　　　　　　　　　　　　　　)。

그리고 **어제 있었던 일은 전부 잊어버렸다는 듯이** 친절하게 내 손을 끌어서 당황해 하는 나를 선생님 방으로 데리고 갔습니다.

そして(　　　　　　　　　　　　　　　　　　　)
親切に僕の手をひいてどぎまぎしている僕を先生の部屋に連れていくのです。

3-4

나는 어떻게 된 일인지 **영문**을 알 수가 없었습니다.

僕はなんだか(　　　　)がわかりませんでした。

학교에 가면 모두가 멀리서 나를 바라보며 '저기 봐, **거짓말쟁이** 일본인 도둑놈이 왔어.'라고 **욕**을 할 것이라고 생각하고 있었는데 이런 식으로 대해주자 영 개운치 않은 기분마저 들 정도였습니다.

学校に行ったらみんなが遠くの方から僕を見て「見ろ泥棒
の(　　　　　　　　)の日本人が来た」とでも(

　　　　　　　　　　　　　　　　　)こんなふうにさ

れると気味が悪いほどでした。

두 사람의 발소리를 들었는지 선생님은 짐이 노크를 하기도 전에 문을 **열어주셨**

습니다.

二人の足音を聞きつけてか、先生はジムがノックしない前に、

戸を(　　　　　　　　　　　　　　　　　　)。

두 사람은 방 안으로 들어갔습니다.

二人は部屋の中に入りました。

"짐은 참 착한 어린이예요. 내 말을 아주 잘 알아들었군요. 짐은 더 이상 너에게서

사과를 받지 않아도 된다고 말하고 있어요. 두 사람은 지금부터 좋은 친구가 되면

되는 거예요. 이제 두 사람 서로 악수를 하세요."라고 말한 뒤 선생님은 빙그레 웃

으시며 우리를 마주보게 했습니다.

「ジム、あなたはいい子、よく私の言ったことがわかってくれ

ましたね。ジムはもうあなたから(

　　　　　　　　　　　　　　　　　)。二人は今からい

いお友達になればそれでいいんです。二人とも上手に握手を

なさい」と先生はにこにこしながら僕達を向い合せました。

3-5

하지만 너무 미안한 생각이 든 내가 **우물쭈물** 거리자, 짐은 서둘러 축 늘어진 내 손을 끌어다 꼭 잡아주었습니다.

僕はでもあんまり勝手過ぎるようで(　　　　　　　　)していますと、ジムはいそいそとぶら下げている僕の手を引っ張り出してかたくにぎってくれました。

나는 어떻게 그 기쁨을 **표현해야** 할지 몰라 그저 수줍은 듯 웃음을 지어 보일 수밖에 없었습니다.

僕はもうなんといってこのうれしさを(　　　　　　　)分らないで、ただ恥ずかしく笑うほかありませんでした。

짐도 기분 좋다는 듯이 **웃음**을 지어 보였습니다.

ジムも気持ちよさそうに、(　　　　　　)をしていました。

선생님이 **싱글벙글** 하시면서 내게,

先生は(　　　　　　　　　　　)僕に、

"어제 포도는 맛있었어?"라고 물으셨습니다.

「(　　　　　　　　　　　　　　　　)」と問われました。

나는 얼굴을 새빨갛게 붉히며 "네."라고 **자백할** 수밖에 없었습니다.

僕は顔を真っ赤にして「ええ」と(　　　　　　　　　　　)より仕
方がありませんでした。

"그럼 또 줄게요."

「そんならまたあげましょうね」

이렇게 말한 선생님은 새하얀 린넨으로 만든 옷을 걸친 몸을 창밖으로 길게 내밀
어 포도 한 송이를 따서 새하얀 왼손 위에 하얀 **가루가 묻어** 있는 자주빛 포도송이
를 올려놓고, 길고 가는 은색 가위로 한가운데를 싹뚝 **두 개로 잘라** 짐과 내게 주
었습니다.

そういって、先生は真っ白なリンネルの着物につつまれた体
を窓からのび出させて、葡萄の一房をもぎ取って、真っ白い
左の手の上に(　　　　　　　　　)紫色の房を乗せて、細長
い銀色のはさみで真ん中からぷつりと(　　　　　　　　)、
ジムと僕とにくださいました。

3-6

새하얀 손바닥에 자줏빛 포도 알맹이가 겹겹으로 올려져 있던 그 **아름다움**을 나
는 지금도 생생하게 기억하고 있습니다.

真っ白い手のひらに紫色の葡萄の粒が重なって乗っていたそ
の(　　　　　　　　)を僕は今でもはっきりと思い出すこと
ができます。

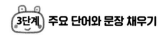

나는 그때부터 전보다 조금 **착한** 아이가 되었고, 조금은 **수줍음을 타는** 아이가 아니게 된 것 같습니다.

僕はその時から前より少し(   )になり、少し(

)でなくなったようです。

그런데 내가 그렇게도 좋아하던 그 착한 선생님께서는 어디로 가버리신 걸까요?

それにしても僕の大好きなあのいい先生はどこに行かれたでしょう。

이제 두 번 다시는 만날 수 없다는 것을 알면서도, 나는 지금도 그 선생님이 있었으면 하고 생각합니다.

(   )と知りながら、僕は今でもあの先生がいたらなあと思います。

가을이 되면 언제나 자줏빛으로 물든 포도송이는 아름다운 하얀 가루를 머금지만, 그것을 받쳐 든 대리석처럼 희고 아름다운 손은 **어디에서도 찾아볼 수 없습니다**.

(   )いつでも葡萄の房は紫色に色づいて美しく粉をふきますけれども、それを受けた大理石のような白い美しい手は(   )。

4단계

주요 단어와 문형 익히기

一房の葡萄

"해석을 해면서 주요 단어와 문형을 익혀 보세요."

僕は小さい時に絵を描くことが好きでした。

僕の通っていた学校は横浜の山の手というところにありました
が、そこいらは西洋人ばかり住んでいる町で、僕の学校も教師
は西洋人ばかりでした。そしてその学校の行きかえりにはいつ
でもホテルや西洋人の会社などが並んでいる海岸の通りを通
るのでした。

通りの海沿いに立ってみると、真っ青な海の上に軍艦だの商
船だのがいっぱい並んでいて、煙突からけむりの出ているの
や、檣から檣へ万国旗をかけわたしたのやがあって、目がいた
いようにきれいでした。僕はよく岸に立ってその景色を見渡
して、家に帰ると、覚えているだけをできるだけ美しく絵に描
いてみようとしました。

동화 속 알짜 일본어

～ばかり ~만, ~뿐

: 어떤 범위를 한정할 때 쓴다.

甘いものばかり食べていると太るよ。

단 음식만 먹으면 살쪄.

ゲームばかりしていると、目が悪くなるよ。

게임만 하면 눈 나빠져.

～沿(ぞ)い ~을 따라, ~를 따라서

: '海沿(うみぞ)い 바다를 따라, 川沿(かわぞ)い 강을 따라, 線路沿(せんろぞ)い 선로를 따라'와 같이 명사에 붙어 '그것을 따라 있는 것'을 말한다. '따르다'라는 뜻의 동사 沿(ぞ)う에서 온 말로, 뒤에는 주로 조사 に나 の가 온다.

線路沿いにある商店街が、この町では一番賑やかな場所です。

철길에 있는 상점가가 이 마을에서는 가장 번화한 곳입니다.

国道沿いの家は、交通が便利なので家賃が高い方です。

국도에 있는 집은 교통이 편해서 집값이 비싼 편이다.

真(ま)っ～ 새~, 완전히~, 아주~

: '真(ま)っ青(さお) 새파람, 真(ま)っ赤(か) 새빨감, 真(ま)っ白(しろ) 새하얌, 真(ま)っ赤(か)なウソ 새빨간 거짓말, 真(ま)っ暗(くら) 아주 캄캄함'과 같이 다른 말 앞에 붙어 그 뜻을 강하게 해 주는 말이다.

子どもが交通事故にあったという話を聞いて、顔が真っ青になった。

아이가 교통사고를 당했다는 이야기를 듣고, 얼굴이 새파래졌다.

会社が倒産してしまって、目の前が真っ暗になった。

회사가 도산해서 눈앞이 캄캄해졌다.

けれどもあの透きとおるような海の藍色と、白い帆前船など
の水際近くに塗ってある洋紅色とは、僕の持っている絵具で
はどうしてもうまく出せませんでした。いくら描いても描いて
も本当の景色で見るような色には描けませんでした。

ふと僕は学校の友達の持っている西洋絵具を思い出しまし
た。その友達はやはり西洋人で、しかも僕より二つくらい年が
上でしたから、背は見上げるように大きい子でした。

ジムというその子の持っている絵具は舶来の上等のもので、
軽い木の箱の中に、十二色の絵具が小さな墨のように四角な
形にかためられて、二列に並んでいました。どの色も美しかっ
たが、とりわけて藍と洋紅とはびっくりするほど美しいもの
でした。

동화 속 알짜 일본어

~際(ぎわ) ~가, ~옆

: ~際(ぎわ)는 다른 명사에 붙어 '~가, ~옆, ~곁'이라는 뜻으로 쓴다. 際(きわ)는 '가장자리, 가'라는 뜻이다.

朝日が昇って、山際が明るくなった。

아침 해가 떠올라 산기슭이 밝아졌다.

二人は手をつないで、波打ち際に向かって歩き出した。

두 사람은 손을 잡고, 바닷가 쪽으로 걷기 시작했다.

ふと 뜻밖에, 우연히, 문득

: 특별한 이유나 의식이 없이 무언가가 일어나는 것을 말한다.

夜道を歩いていて、ふと空を見上げると、信じられないほど星が
きれいでした。

밤길을 걷다가 문득 하늘을 보자, 믿을 수 없을 정도로 별이 예뻤습니다.

会社に行く途中、ふと今日が結婚記念日だということを思い出
し、慌てて妻に電話をした。

회사에 가는 도중에 문득 오늘이 결혼기념일이라는 사실을 떠올리고 서둘러 아내에게 전화를 했다.

しかも (＝その上(うえ)) 게다가, 그 위에

: 어떤 것에 다른 것을 덧붙일 때 쓰는 말이다.

このバックは使いやすく、しかも値段も安い。

気立(きだ)て 마음씨, 심지

이 가방은 쓰기 편한데다가 가격도 싸다.

彼女はかわいくて、しかも気立ても優しいので、皆の人気の的です。

그녀는 귀여운데다가 마음씨도 좋아서 모두의 선망의 대상입니다.

ジムは僕より背が高いくせに、絵はずっと下手でした。それでもその絵具を塗ると、下手な絵さえがなんだか見ちがえるように美しく見えるのです。僕はいつでもそれをうらやましいと思っていました。

あんな絵具さえあれば僕だって海の景色を本当に海に見えるように描いてみせるのになあと、自分の悪い絵具を恨みながら考えました。そうしたら、その日からジムの絵具がほしくってほしくってたまらなくなりました。

けれども僕はなんだか臆病になってパパにもママにも買ってくださいと願う気になれないので、毎日毎日その絵具のことを心の中で思いつづけるばかりで幾日か日が経ちました。

동화 속 알짜 일본어

見違(みちが)える 잘못 보다, 몰라보다

: 보고 다른 것이라고 착각하는 것을 말한다. 큰 변화가 느껴질 때 쓴다.

しばらく見ない間に、見違えるほど大きくなったね。

잠시 못 보던 사이에 몰라볼 정도로 컸네.

久しぶりに田舎に帰ってみると、見違えるぐらい土地開発が進ん
でいた。

오랜만에 시골에 가보니, 몰라볼 정도로 토지개발이 진행되었다.

～さえ ～ば ~만 ~면

: 앞에 오는 조건이 만족되면 다른 것은 문제 될 것 없다는 의미로 쓴다.

望(のぞ)む 바라다, 소망하다

あなたさえいてくれれば、他に何も望まないわ。

너만 있어주면, 다른 것은 아무것도 바라지 않아.

息子は時間さえあれば、インターネットでゲームをしている。

아들은 시간만 있으면 인터넷으로 게임을 하고 있다.

～て(で)たまらない ~해서 참을 수 없다

: 감정이나 욕구가 극에 달해 더 이상 참을 수 없음을 나타낸다.

禁煙を決意して一週間になるが、タバコが吸いたくてたまらない。

금연을 결심하고 일주일 되었는데, 담배를 피우고 싶어서 견딜 수가 없다.

母が入院したという連絡を受けて、心配でたまらない。

엄마가 입원했다는 연락을 받고 걱정이 돼서 미치겠다.

今ではいつのころだったか覚えてはいませんが秋だったので
しょう。葡萄の実が熟していたのですから。

天気は冬が来る前の秋によくあるように空の奥の奥まで見す
かされそうに晴れわたった日でした。

僕達は先生と一緒に弁当を食べましたが、その楽しみな弁当
の最中でも僕の心はなんだか落ち着かないで、その日の空と
はうらはらに暗かったのです。

僕は自分一人で考え込んでいました。誰かが気がついてみた
ら、顔もきっと青かったかもしれません。

동화 속 알짜 일본어

~(の)最中(さいちゅう) 한창 ~중, 한창 ~일 때

: 동작이나 상태가 진행 중일 때 쓴다. 그 동작이나 상태가 가장 정점에 달했다라는 뉘앙스를 나타낸다.

今、ダイエットの最中なので、甘いものは食べません。

지금 한창 다이어트를 해서 단 것은 안 먹습니다.

昼食の最中に、上司から電話がかかってきた。

한창 점심을 먹고 있는데 상사에게 전화가 걸려왔다.

~とは裏腹(うらはら)に ~와는 달리, ~와는 정반대로

: 정반대라는 의미로 쓴다.

彼は言葉とは裏腹に、温かい心の持ち主です。

그는 말과는 다르게 따뜻한 마음의 소유자입니다.

事業の成功とは裏腹に、結婚生活では不幸だった。

사업의 성공과는 정반대로 결혼생활은 불행했다.

~かもしれない、~かもしれません ~일지도 모른다, ~일지도 모릅니다

: 확률이 높지는 않지만 어떤 일이 생길 가능성이 있음을 나타낸다.

今日は天気がいいですが、明日は雨が降るかもしれません。

오늘은 날씨가 좋지만 내일은 비가 올지도 모릅니다.

朝、起きられないかもしれないから、時間になったら起こしてね。

아침에 못 일어날지도 모르니까 시간이 되면 깨워줘.

僕はジムの絵具がほしくってほしくってたまらなくなってしまったのです。胸が痛むほどほしくなってしまったのです。

ジムは僕の胸の中で考えていることを知っているに違いないと思って、そっとその顔を見ると、ジムはなんにも知らないように、面白そうに笑ったりして、わきに座っている生徒と話をしているのです。

でもその笑っているのが僕のことを知っていて笑っているようにも思えるし、何か話をしているのが、「いまに見ろ、あの日本人が僕の絵具を取るに違いないから」といっているようにも思えるのです。

僕はいやな気持ちになりました。けれどもジムが僕を疑っているように見えれば見えるほど、僕はその絵具がほしくてならなくなるのです。

동화 속 알짜 일본어

~に違(ちが)いない ~임에 틀림없다

: 확신을 가지고 추측하는 것을 나타낸다.

あんな高級(こうきゅう)マンションに住(す)んでいるんだから、お金持(かねも)ちに違(ちが)いない。

저런 고급 맨션에 살고 있으니까 부자임에 틀림없다.

お客(きゃく)が列(れつ)を作(つく)って待(ま)っているのをみると、あの店(みせ)はおいしいに違(ちが)いないよ。

손님이 줄을 서서 기다리는 것을 보면, 저 가게는 맛있음에 틀림없어.

~ば~ほど ~면 ~수록

: 2개의 일이 동시에 변화하는 것을 말한다. 앞에 오는 사항이 변하면 동시에 뒤에 오는 사항도 변화한다는 것을 나타낸다.

考(かんが)えれば考(かんが)えるほど、わからなくなる。

생각하면 생각할수록 알 수가 없게 된다.

日本語(にほんご)は勉強(べんきょう)すればするほど難(むずか)しくなる、とよく言(い)われる。

'일본어는 공부하면 할수록 어려워진다'라고들 한다.

~て(で)ならない 너무 ~하다

: 감정이나 욕구가 저절로 그렇게 느껴진다는 의미로 쓴다.

あいつが大学(だいがく)に合格(ごうかく)するなんて、不思議(ふしぎ)でならない。

쟤가 대학에 합격하다니 너무 이상하다.

会社(かいしゃ)の面接(めんせつ)のときは、緊張(きんちょう)で足(あし)が震(ふる)えてならなかったよ。

회사 면접 때는 긴장해서 다리가 너무너무 떨렸어.

2

僕はかわいい顔はしていたかも知れないが体も心も弱い子でした。その上臆病者で、言いたいことも言わずにすますような質でした。だからあんまり人からは、かわいがられなかったし、友達もない方でした。

昼御飯がすむと他の子供達は活発に運動場に出て走り回って遊びはじめましたが、僕だけはなおさらその日は変に心が沈んで、一人だけ教室に入っていました。

外が明るいだけに教室の中は暗くなって僕の心の中のようでした。

동화 속 알짜 일본어

~ずに すます ~하지 않다

: 다른 것으로 문제를 해결할 때나, 그 순간을 그것으로 됐다고 지나칠 때 쓴다.

今日は忙しくて朝ご飯を食べずにすました。

오늘은 바빠서 아침밥을 먹지 못하고 지나쳤습니다.

明らかに違法なのに、何も言わずにすますのはよくないよ。

분명히 위법인데 아무 말도 하지 않고 지나치는 것은 좋지 않아.

心(こころ)が沈(しず)む 기분이 가라앉다

: 우울한 기분에 빠지는 것을 말한다.

悲しいニュースを聞いて、今日は一日中心が沈んでいます。

슬픈 뉴스를 들어서 오늘은 하루 종일 기분이 우울합니다.

彼女に振られて心が沈んでいた僕を、友達が慰めてくれた。

그녀에게 차여서 우울해하는 나를 친구가 위로해 주었다.

~だけに ~인 만큼

: 어떤 것의 상태가 그에 걸맞다는 기분을 나타낸다. 긍정적인 평가에도 부정적인 평가에도 쓰인다.

日本語を20年も教えているだけに、教え方が上手です。

일본어를 20년이나 가르친 만큼 가르치는 방법이 능숙합니다.

このホテルは5つ星なだけに、食事もおいしいしサービスもいいね。

이 호텔은 별이 5개인 만큼 음식도 맛있고 서비스도 좋네.

自分の席に座っていながら僕の目は時々ジムの机の方に走り
ました。ナイフで色々ないたずら書きが彫りつけてあって、手
垢で真っ黒になっているあの蓋をあげると、その中に本や雑
記帳や鉛筆箱と一緒になって、飴のような木の色の絵具箱が
あるんだ。そしてその箱の中には小さい墨のような形をした
藍や洋紅の絵具が……

僕は顔が赤くなったような気がして、思わずそっぽを向いて
しまうのです。

けれどもすぐまた横目でジムの机の方を見ないではいられま
せんでした。胸のところがどきどきとして苦しいほどでした。
じっと座っていながら夢で鬼にでも追いかけられた時のよう
に気ばかりせかせかしていました。

4단계 주요 단어와 문형 익히기

동화 속 알짜 일본어

~ながら ~하면서

: 두 동작을 동시에 할 때 쓴다.

いつも音楽を聴きながら勉強します。

항상 음악을 들으면서 공부를 합니다.

映画はポップコーンを食べながら見るのが一番です。

영화는 팝콘을 먹으면서 보는 것이 제일입니다.

~ような気(き)がする ~같은 느낌이 든다

: 명확한 근거는 없지만 그럴 것 같은 느낌이 든다는 것을 나타낸다. 주관적인 느낌을 말할 때 쓴다.

誰かに見られているような気がする。

누군가 보고 있는 것 같은 느낌이 든다.

皆に嫌われているような気がして、なんだか気持ちがやすまらない。

다들 싫어할 것 같은 느낌이 들어, 왠지 마음이 편안해지지 않는다.

やすまる 편안해지다

そっぽを向(む)く 외면하다, 무관심하다, 모른 체하다

: 상대를 보지 않고 다른 곳을 향하는 것을 말한다. 무시하거나 상대를 하지 않는다는 표현이다.

いくら話しかけても、彼女は気嫌が悪いのかそっぽを向いたまま

だった。

아무리 말을 걸어도 그녀는 기분이 나쁜지 모른 체할 뿐이었다.

メディアにそっぽを向かれては、政治家として致命的ですよ。

미디어에 외면 당하면 정치가로서는 치명적이에요.

教室に入る鐘がかんかんと鳴りました。僕は思わずぎょっとして立ち上がりました。生徒達が大きな声で笑ったりどなったりしながら、洗面所の方に手を洗いに出かけていくのが窓から見えました。

僕は急に頭の中が氷のように冷たくなるのを気味悪く思いながら、ふらふらとジムの机の所に行って、半分夢のようにそこの蓋をあげてみました。そこには僕が考えていたとおり雑記帳や鉛筆箱とまじって見覚えのある絵具箱がしまってありました。

なんのためだかしらないが僕はあっちこっちを見回してから、誰も見ていないなと思うと、手早くその箱の蓋を開けて藍と洋紅との二色を取り上げるが早いかポケットの中に押し込みました。そして急いでいつも整列して先生を待っている所に走っていきました。

동화 속 알짜 일본어

~たり~たりする ~하기도 하고, ~하기도 하다

: 예를 나열할 때 쓴다.

週末には買い物をしたりカフェに行ったりします。

주말에는 쇼핑을 하거나 카페에 가거나 합니다.

彼女ができたら、映画を見たり、遊園地に行ったりしたいです。

여자친구가 생기면 영화를 보거나 놀이공원에 가거나 하고 싶어요.

~とおり ~대로

: 그것과 같은 상태, 그것과 같은 방법을 말한다. '그대로'라는 의미를 나타낸다.

週末だから、私の言ったとおり道が込んでいるでしょ。

주말이라서 내가 말한 대로 길이 막히지?

説明書に書いてあるとおりに使用してください。

설명서에 쓰인 대로 사용하세요.

~が早(はや)いか ~기가 바쁘게, ~하자마자

: '~하자마자 바로'라는 의미로 쓴다.

お金を手にするが早いか、お酒を飲みに出かけた。

돈을 손에 넣자마자 술을 마시러 나갔다.

過度の疲労のせいか、ベッドに入るが早いか、すぐに寝てしまった。

과도한 피로 탓인지 침대에 들어가자마자 바로 잠들고 말았다.

僕達は若い女の先生に連れられて教室に入りめいめいの席
に座りました。僕はジムがどんな顔をしているか見たくってた
まらなかったけれども、どうしてもそっちの方をふり向くこと
ができませんでした。

でも僕のしたことを誰も気のついた様子がないので、気味が
悪いような、安心したような心持ちでいました。

僕の大好きな若い女の先生のおっしゃることなんかは耳に
入りは入ってもなんのことだかちっともわかりませんでした。
先生も時々不思議そうに僕の方を見ているようでした。

僕はしかし先生の目を見るのがその日に限ってなんだかいや
でした。そんなふうで一時間が経ちました。なんだかみんな耳
こすりでもしているようだと思いながら一時間が経ちました。

동화 속 알짜 일본어

~は ~ても ~는 ~는데, ~는 ~지만

: 어떤 범위를 한정할 때 쓴다.

レポートを見るには見ても、難しくて内容がさっぱりわからなかった。

리포트를 보기는 봤는데 어려워서 내용이 잘 이해가 안 됐다.

学校に行くには行っても、授業を受ける気にはなれなかった。

학교에 가기는 갔지만 수업을 들을 마음은 생기지 않았다.

~不思議(ふしぎ)そうに 이상하다는 듯이

: 이상하고 묘하다는 듯이 묻는 듯한 모양을 말한다.

一体何をやっているのかと、通行人は不思議そうに見ていた。

대체 뭘 하고 있는 건지 하고 지나가는 사람은 이상하다는 듯이 보고 있다.

理解できないといった顔で、不思議そうに私の話を聞いていた。

이해가 안 된다고 말하는 얼굴로 이상하다는 듯이 내 이야기를 듣고 있다.

~に限(かぎ)って ~한해서, ~만은, ~에만, ~따라

: '평소와 달리 특별하게, 꼭 그때 나쁜 일이 일어난다, ~만은 믿고 있다'라는 의미로 쓴다.

うちの子に限って、そんなことをするはずがない。

우리 애만은 그런 짓을 할 리가 없다.

運動会の日に限って、いつも雨が降るんだよな。

운동회 날에만 항상 비가 내린다니까.

127

教室を出る鐘が鳴ったので僕はほっと安心してため息をつき
ました。

けれども先生が行ってしまうと、僕は僕のクラスで一番大き
な、そしてよくできる生徒に「ちょっとこっちにおいで」とひじ
の所をつかまれていました。

僕の胸は宿題をなまけたのに先生に名を指された時のよう
に、思わずどきんと震えはじめました。

けれども僕はできるだけ知らないふりをしていなければなら
ないと思って、わざと平気な顔をしたつもりで、仕方なしに運
動場の隅に連れていかれました。

동화 속 알짜 일본어

ため息(いき)をつく 한숨을 쉬다

: 심리적인 원인으로 크게 숨을 쉬는 것을 말한다. 실망할 때, 우울할 때, 감동했을 때, 긴장이 풀어졌을 때 등 무의식적으로 나오는 큰 한숨을 말한다.

誰にも気づかれていないことを知って、ほっとため息をついた。

아무에게도 들키지 않은 것을 알고 휴우 하고 한숨을 쉬었다.

試験の結果を見て、ついため息をついてしまった。

시험 결과를 보고 나도 모르게 한숨을 쉬고 말았다.

～ふりをする ~척하다

: 실제로는 그렇지 않지만, 그런 것처럼 행동하는 모양을 나타낸다.

森で熊と出会ったら、死んだふりをするのが一番なんだって。

숲에서 곰과 만나면 죽은 척하는 것이 가장 좋대.

お母さんに呼ばれても、聞こえないふりをしてゲームをしている。

엄마가 불러도 안 들리는 척하고 게임을 하고 있다.

平気(へいき) 아무렇지도 않음, 태연함, 침착함

: 마음에 동요가 없는 모양을 나타낸다.

いくら先生に叱られても、平気な顔をしている。

아무리 선생님에게 혼나도 태연한 얼굴을 하고 있다.

山田さんはお酒が強いので、いくら飲んでも平気だよ。

야마다 씨는 술이 세서 아무리 마셔도 아무렇지도 않아.

「君はジムの絵具を持っているだろう。ここに出したまえ」
そう言ってその生徒は僕の前に大きく広げた手をつき出しました。

そう言われると僕はかえって心が落ち着いて、「そんなもの、僕持ってやしない」と、ついでたらめをいってしまいました。

そうすると三四人の友達と一緒に僕のそばに来ていたジムが、「僕は昼休みの前にちゃんと絵具箱を調べておいたんだよ。一つも無くなってはいなかったんだよ。そして昼休みが済んだら二つ無くなっていたんだよ。そして休みの時間に教室にいたのは君だけじゃないか」と少し言葉を震わしながら言いかえしました。

동화 속 알짜 일본어

~たまえ ~하게, ~게나

: '~てください ~해 주세요, ~てちょうだい ~해 줄래, ~てくれ ~해 줘' 등의 의미로 윗사람이 아랫사람에게 부드럽게 명령할 때 쓰는 표현이다. 주로 중년 남자가 쓴다.

言い訳はいいから、ちゃんと正直に話したまえ。

변명은 됐으니까, 정직하게 제대로 말해보게나.

食事の準備は後でいいから、ここに座りたまえ。

식사 준비는 나중에 해도 되니까, 여기에 앉아보게.

~やしない 절대 ~하지 않다, 전혀 ~하지 않다

: '절대(전혀) ~하지 않다'라는 뜻으로, '포기, 분노, 경멸' 등 부정적인 감정을 포함한다.

盗みなんて、絶対しやしないよ。

도둑질이라니 절대 아니야!

すぐに痩せる薬なんて、ありやしないってば。

바로 살이 빠지는 약이라니, 절대 있을 수 없다니까.

ちゃんと 정확하게, 확실히, 충분히

: 정확하고 틀림이 없는 모양을 나타낸다.

来週、大事な試験があるんだから、ちゃんと準備しないとね。

주말에 중요한 시험이 있으니까, 충분히 준비해야겠네.

泥棒に入られないように、ちゃんと戸締りしておいてね。

도둑이 들어오지 못하게 문단속을 확실히 해.

戸締(とじま)り 문단속

僕はもう駄目だと思うと急に頭の中に血が流れ込んで来て顔が真っ赤になったようでした。すると誰だったかそこに立っていた一人がいきなり僕のポケットに手を差し込もうとしました。

僕は一生懸命にそうはさせまいとしましたけれども、多勢に無勢でとてもかないません。

僕のポケットの中からは、見る見るマーブル球（今のビー球のことです）や鉛のメンコなどと一緒に二つの絵具のかたまりがつかみ出されてしまいました。

「それ見ろ」といわんばかりの顔をして子供達は憎らしそうに僕の顔を睨みつけました。

동화 속 알짜 일본어

~まい ~해서는 안 된다, 하지 않을 것이다

: 말하는 이가 어떤 사안에 대해 강한 부정적인 의지를 나타낸다. 또는 부정적인 추측을 나타내기도 한다.

いくら権力者だといっても、セクハラは絶対に許されまい。

아무리 권력자라고 해도 성희롱은 절대로 용서될 수 없다.

こんなにいい天気なんだから、今日は雨が降るまい。

이렇게 날씨가 좋으니까 오늘은 비가 안 올 것이다.

~多勢(たぜい)に無勢(ぶぜい) 중과부적

: 적은 수로는 많은 적을 이길 수 없다는 말이다. 도저히 어찌해 볼 수 없는 전투 상황에서 나온 표현이다.

いくら正しい主張をしても、多勢に無勢、話すら聞いてもらえず否定された。

아무리 바른 주장을 해도 중과부적으로 이야기조차 들어주지 않고 부정 당했다.

相手が多勢に無勢でも、一致団結して戦えば勝つ可能性はあるよ。

상대가 수적으로 우세라고 해도 일치단결해서 싸우면 이길 수 있는 가능성은 있어.

~と言(い)わんばかり 마치 ~하듯

: 어떤 사항에 대해 확실하게 말로 하지는 않지만 모양이나 태도로 보아 선명하게 드러나는 것을 의미하는 표현이다.

まだ勝ちが決まっていないのに、勝ったと言わんばかりに喜んでいる。

아직 승리가 정해지지 않았는데 마치 이기기라도 한듯 기뻐하고 있다.

自分は金持ちなんだと言わんばかりに、高級品を買いまくっている。

마치 자신이 부자라고 내세우기라도 하듯, 고가의 물건을 사들이고 있다.

僕の体はひとりでにぶるぶる震えて、目の前が真っ暗になる
ようでした。いいお天気なのに、みんな休み時間を面白そう
に遊び回っているのに、僕だけは本当に心からしおれてしま
いました。

あんなことをなぜしてしまったんだろう。取りかえしのつかな
いことになってしまった。もう僕は駄目だ。そんなに思うと弱
虫だった僕はさびしく悲しくなって来て、しくしくと泣き出し
てしまいました。

「泣いておどかしたって駄目だよ」とよくできる大きな子が
バカにするような憎みきったような声で言って、動くまいとす
る僕をみんなで寄ってたかって二階に引っ張っていこうとし
ました。僕はできるだけ行くまいとしたけれどもとうとう力ま
かせに引きずられてはしご段を登らせられてしまいました。
そこに僕の好きな受持ちの先生の部屋があるのです。

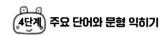

동화 속 알짜 일본어

ひとりでに 저절로, 자연히

: 다른 힘이 가해지지 않았는데도 저절로 일이 발생하는 모양을 나타낸다. 사람보다는 사물의 경우에 쓴다.

閉(し)まっていたドアが<u>ひとりでに</u>開(あ)いて、びっくりした。

닫혀져 있던 문이 저절로 열려서 깜짝 놀랐다.

この機械(きかい)は時間(じかん)が経(た)つと、<u>ひとりでに</u>電気(でんき)が切(き)れるようになっている。

이 기계는 시간이 지나면 저절로 전기가 꺼지게 되어 있다.

取(と)り返(かえ)しのつかない 돌이킬 수 없는, 되돌릴 수 없는

: 원래의 상태로 되돌리고 싶어도, 처음부터 다시 시작하고 싶어도, 잃어버린 것을 되찾고 싶어도 그 럴 수 없다는 것을 말할 때 쓴다.

<u>取(と)り返(かえ)しのつかない</u>ことを、彼女(かのじょ)にしてしまったようだ。

돌이킬 수 없는 짓을 그녀에게 해 버린 것 같다.

気(き)のゆるみ 부주의

ちょっとした気(き)のゆるみで、<u>取(と)り返(かえ)しのつかない</u>失敗(しっぱい)をしかねない。

작은 부주의로 돌이킬 수 없는 실패를 할지도 모른다.

力(ちから)まかせに 무리하게, 강제적으로, 있는 힘껏

:'싫어해도, 억지로라도, 무리하게, 강제적으로, 강제로'라는 뜻으로 상대의 의향을 무시하고 행동하 는 모양을 말한다. 또는 전력을 다하는 모양을 나타내기도 한다.

無実(むじつ)を訴(うった)えていたのに、警察(けいさつ)に力(ちから)まかせに取(と)り押(お)さえられた。

억울함을 호소해봤지만 경찰에게 강제로 붙들리고 말았다.

力(ちから)まかせにドアを引(ひ)っ張(ぱ)ったら、ドアの取(と)っ手(て)が壊(こわ)れてしまった。

있는 힘껏 문을 당겼더니 문의 손잡이가 부서지고 말았다.

無実(むじつ) 사실이 없음, 억울함
取(と)り押(お)さえる 억누르다, 붙잡다, 붙들다

やがてその部屋の戸をジムがノックしました。ノックするとは入ってもいいかと戸をたたくことなのです。中からはやさしく「お入り」という先生の声が聞こえました。

僕はその部屋に入る時ほどいやだと思ったことはまたとありません。何か書きものをしていた先生はどやどやと入ってきた僕達を見ると、少し驚いたようでした。

が、女のくせに男のように首の所でぶつりと切った髪の毛を右の手で撫であげながら、いつものとおりのやさしい顔をこちらに向けて、ちょっと首をかしげただけで何の御用というふうをしなさいました。

そうするとよくできる大きな子が前に出て、僕がジムの絵具を取ったことをくわしく先生に言いつけました。

동화 속 알짜 일본어

~ほど ~はない ~만큼(정도로) ~인 것은 없다

: '~만큼 ~인 것은 없다', 즉 '~가 제일이다'라는 의미로 쓴다.

ゲームをすることほど楽しいことはない。

게임을 하는 것만큼 즐거운 것은 없다.

事業に失敗して、今回ほど後悔したことはない。

사업을 실패해서 이번만큼 후회해 본 적이 없다.

~(の)くせに ~인 주제에, ~이면서도

: 비난이나 불만을 나타내는 표현이다.

子どものくせに、生意気なことを言うな。

아이주제에 건방진 소리 하지 마.

英語も話せないくせに、外交官になるなんて不可能だよ。

영어로 말도 못하면서 외교관이 되겠다니 불가능해.

首(くび)をかしげる 고개를 갸웃하다, 미심쩍게 여기다

: 의심스럽게 생각하거나 납득이 가지 않아 고개를 갸웃하는 것을 말한다.

彼女がどうしてそんな事をしたのか、皆首をかしげるばかりだった。

그녀가 왜 그런 일을 한 것인지 모두 고개를 갸웃할 뿐이었다.

写真を撮るとき、彼女はいつも少し首をかしげる。

사진을 찍을 때 그녀는 항상 고개를 조금 갸웃한다.

先生は少し曇った顔付きをして真面目にみんなの顔や、半分泣きかかっている僕の顔を見比べていなさいましたが、僕に「それは本当ですか」と聞かれました。

本当なんだけれども、僕がそんないやな奴だということをどうしても僕の好きな先生に知られるのがつらかったのです。だから僕は答える代わりに本当に泣き出してしまいました。

先生はしばらく僕を見つめていましたが、やがて生徒達に向かって静かに「もう行ってもようございます」といって、みんなをかえしてしまわれました。

生徒達は少し物足らなそうにどやどやと下に降りて行ってしまいました。

동화 속 알짜 일본어

~かかる 막 ~하다, ~하려 하다

: '지금이라도 ~하려고 하다, 막 ~하다, ~하기 시작하다'라는 뜻으로 쓴다.

暖炉の火が消えかかっていたので、薪をくべた。

난로 불이 꺼려가려고 해서 장작을 더 넣어 불을 지폈다.

薪(まき) 장작
くべる (장작 따위를) 지피다

皆で協力して壊れかかっていた塀を修理しました。

모두 협력해서 무너지려고 하던 담을 수리했습니다.

~(の)代(か)わりに ~대신에

: 누군가를 대신해서 무슨 일을 한다거나, 다른 것으로 대신하는 것을 말한다.

私の代わりに、試合に出てください。

나 대신에 시합에 나가 주세요.

海外旅行に行く代わりに、今年は国内旅行をすることにしました。

해외여행을 가는 대신에 올해는 국내여행을 하기로 했습니다.

物足(ものた)らない 어딘가 부족하다, 어딘지 불만스럽다

: 物足(ものた)りない와 같은 말로, 뭔가 부족한 것 같다는 불만을 나타낸다.

今日の料理は量的に少し物足らなかったね。

오늘 요리는 양적으로 조금 부족했지.

講義は期待していたほどおもしろくなくて、物足らなかった。

강의는 기대했던 것보다 재미가 없어서 조금 불만스러웠다.

先生は少しの間なんとも言わずに、僕の方も向かずに自分の手の爪を見つめていましたが、やがて静かに立って来て、僕の肩の所を抱きすくめるようにして「絵具はもう返しましたか」と小さな声でおっしゃいました。僕は返したことをしっかり先生に知ってもらいたいので深々とうなずいてみせました。

「あなたは自分のしたことをいやなことだったと思っていますか」もう一度そう先生が静かにおっしゃった時には、僕はもうたまりませんでした。ぶるぶると震えて仕方がない唇を、噛みしめても噛みしめても泣き声が出て、目からは涙がむやみに流れてくるのです。

もう先生に抱かれたまま死んでしまいたいような心持ちになってしまいました。

동화 속 알짜 일본어

しっかり 확실히, 똑똑히, 정신차려서

: 동작이나 모양이 굳건하여 확실한 모양을 나타낸다.

外(はず)れないように、ねじをしっかり締(し)めてください。

빠지지 않게 나사를 확실히 조여 주세요.

長男(ちょうなん)なんだから、しっかりしてちょうだいよ。

장남이니까 정신차려야 해.

外(はず)れる 빠지다, 풀어지다

～ても～ても ~해도 ~해도

: 같은 동사를 반복하여, 그 동작을 몇 번이고 반복해도 목표를 달성할 수 없음을 말한다.

食(た)べても食(た)べてもまだ食(た)べ足(た)りない。

먹어도 먹어도 아직 부족하다.

働(はたら)いても働(はたら)いても、生活(せいかつ)が楽(らく)にならない。

일해도 일해도 생활이 편해지지 않는다.

～たまま ~한 채로

: 같은 상태가 변함 없이 이어지는 것을 표현한다.

テレビをつけたまま、寝(ね)てしまった。

TV를 켠 채, 자고 말았다.

親(おや)は借金(しゃっきん)を残(のこ)したまま、死(し)んでしまった。

부모님께서는 빚을 남긴 채 돌아가시고 말았다.

「あなたはもう泣くんじゃない。よくわかったらそれでいいから泣くのをやめましょう、ね。次の時間には教室に出ないでもよろしいから、私のこのお部屋にいらっしゃい。静かにしてここにいらっしゃい。私が教室から帰るまでここにいらっしゃいよ。いい?」

とおっしゃりながら僕を長椅子に座らせて、その時また勉強の鐘がなったので、机の上の書物を取り上げて、僕の方を見ていられましたが、二階の窓まで高くはいあがった葡萄蔓から、一房の西洋葡萄をもぎって、しくしくと泣きつづけていた僕の膝の上にそれをおいて静かに部屋を出ていきなさいました。

동화 속 알짜 일본어

~んじゃない ~하면 안 돼

: 금지를 나타내는 표현이다.

そんなにスピードを出すんじゃない。

그렇게 스피드를 내면 안 돼.

こんなところで寝るんじゃない。

이런 곳에서 자면 안 돼.

おっしゃる 말씀하시다

: '言(い)う 말하다'의 존경어.

先生のおっしゃることは正しいと思います。

선생님께서 하신 말씀은 맞다고 생각합니다.

あなたのおっしゃりたいことはよくわかりました。

당신이 하시고 싶은 말씀이 뭔지는 잘 알겠습니다.

しくしくと泣(な)く 훌쩍훌쩍 운다

: 코를 훌쩍이며 힘없이 울 때 쓴다.

妻は心から寂しく思って、しくしくと泣いていた。

아내는 가슴이 저며와 훌쩍훌쩍 울고 있었다.

田中さんは一人でしくしくと泣きつづけた。

다나카 씨는 혼자서 훌쩍훌쩍 계속 울었다.

一時がやがやとやかましかった生徒達はみんな教室に入って、急に<u>しんとする</u>ほどあたりが静かになりました。

僕はさびしくってさびしくってしようがないほど悲しくなりました。

あのくらい好きな先生を苦しめたかと<u>思うと</u>僕は本当に悪いことをしてしまったと思いました。

葡萄などはとても食べる<u>気になれない</u>でいつまでも泣いていました。

144

동화 속 알짜 일본어

しんとする 쥐 죽은 듯이 조용하다

: 아무런 소리 없이 조용한 모양이다.

図書館は誰一人無駄話をせず、しんとしていました。

도서관은 누구 하나 잡담을 하지 않고 쥐 죽은 듯이 조용했습니다.

教室がしんとしているのをみると、誰もいないらしい。

교실이 쥐 죽은 듯이 조용한 것을 보면 아무도 없는 것 같다.

～かと思(おも)うと ～라고 생각하자, ~인가 싶더니

: '~하자, 바로'라는 뜻과 '~인가 싶더니'라는 두 가지 뜻이 있다. 앞의 사건이 일어난 직후에 다음 사건이 발생할 때 쓴다. 다만, 자신의 행동에는 쓰지 않는다.

彼女を苦しめたかと思うと、心が裂けるくらい痛む。

그녀를 괴롭혔다고 생각하자 가슴이 찢어질 정도로 아프다.

空がピカッと光ったかと思うと、大きな雷の音がした。

하늘이 번쩍하고 반짝이는가 싶더니 요란한 천둥소리가 났다.

気(き)になれない 마음이 생기지 않는다

: 자연스럽게 그런 마음이 생기지 않는다는 의미다. 'その気になれない 그럴 마음이 생기지 않는다, 그런 気になれない 그런 마음이 생기지 않는다'의 형태로도 자주 쓴다.

今日はどうしても勉強する気になれない。

오늘은 아무래도 공부할 마음이 생기지 않는다.

一人暮らしをしていると、料理を作る気になれない。

혼자 생활을 하다 보니, 요리를 만들고 싶은 마음이 생기지 않는다.

ふと僕は肩を軽くゆすぶられて目をさましました。

僕は先生の部屋でいつの間にか泣き寝入りをしていたと見えます。

少し痩せて背の高い先生は笑顔を見せて僕を見おろしていられました。

僕は眠ったために気分がよくなって今まであったことは忘れてしまって、少し恥ずかしそうに笑いかえしながら、慌てて膝の上からすべり落ちそうになっていた葡萄の房をつまみ上げましたが、すぐ悲しいことを思い出して笑いも何も引っ込んでしまいました。

동화 속 알짜 일본어

いつの間(ま)にか 어느샌가

: '어느 틈에 벌써'라는 의미로 쓴다.

バスの中で寝ていたら、いつの間にか終点に来ていた。

버스 안에서 졸았는데 어느샌가 종점까지 와 있었다.

本を読んでいたら、いつの間にか眠っていた。

책을 읽었는데 어느샌가 잠들었다.

～ために ~때문에

: 원인이나 이유를 나타낸다. 객관적 상황의 인과관계를 나타내는 표현이다.

雪が降ったために、電車が止まった。

눈이 내려서 전철이 멈췄다.

バスが遅れてきたために、会社に遅刻した。

버스가 늦게 와서 회사에 지각했다.

～も何(なに)も ~고 나발이고

: 앞에 오는 말을 하찮은 것으로 낮추면서 뒤에 오는 말의 부정적 요소를 강하게 만드는 표현이다.

彼の事情を知ったら、怒りも何もなくなってしまった。

그의 사정을 알고 나니, 분노고 나발이고 없어지고 말았다.

危険を顧みないで助けてあげたのに、お礼も何も言わずに行って

しまった。

위험을 무릅쓰고 구해줬더니 인사고 나발이고 아무 말도 없이 가버렸다.

顧(かえり)みる 돌아보다, 돌보다

「そんなに悲しい顔をしないでもよろしい。もうみんなは帰ってしまいましたから、あなたはお帰りなさい。そして明日はどんなことがあっても学校に来なければいけませんよ。あなたの顔を見ないと私は悲しく思いますよ。きっとですよ」

そう言って先生は僕のカバンの中にそっと葡萄の房を入れてくださいました。

僕はいつものように海岸通りを、海を眺めたり船を眺めたりしながらつまらなく家に帰りました。

そして葡萄をおいしく食べてしまいました。

동화 속 알짜 일본어

~なさい ~해, ~하거라, ~하세요

: 가벼운 명령을 나타낸다. 명령 표현이므로 윗사람에게 사용하면 안 된다.

時間がないんだから早くしなさい。

시간이 없으니까 빨리 해.

体に悪いから、タバコはやめなさい。

몸에 안 좋으니까 담배는 끊어.

どんなことがあっても 어떤 일이 있어도, 무슨 일이 있어도

: 무슨 일이 있어도 꼭 밀고 나가겠다는 의지를 나타낸다.

今年中にはどんなことがあっても結婚したいと思っている。

올해 안에는 어떠한 일이 있어도 결혼하려고 한다.

私はどんなことがあってもあきらめないつもりです。

나는 어떠한 일이 있어도 포기하지 않을 생각입니다.

そっと 가만히, 살짝, 몰래, 그냥 놔 둠

: 소리를 내지 않고 무슨 일을 하거나 다른 사람이 눈치 채지 않게 행동할 때 쓴다. 또 간섭하지 말고
  그냥 조용히 내버려 두라고 말하고 싶을 때도 쓰는 말이다.

彼だけに秘密をそっと打ち明けた。

打(う)ち明(あ)ける 터놓고 말하다,
숨김없이 말하다

그에게만 비밀을 몰래 이야기했다.

何も言わないで、そっとしておいてください。

아무 말도 하지 말고, 그냥 내버려 두세요.

けれども次の日が来ると僕はなかなか学校に行く気にはなれませんでした。お腹が痛くなればいいと思ったり、頭痛がすればいいと思ったりしたけれども、その日に限って虫歯一本痛みもしないのです。

仕方なしにいやいやながら家は出ましたが、ぶらぶらと考えながら歩きました。どうしても学校の門を入ることはできないように思われたのです。

けれども先生の別れの時の言葉を思い出すと、僕は先生の顔だけはなんといっても見たくて仕方がありませんでした。僕が行かなかったら先生はきっと悲しく思われるに違いない。もう一度先生のやさしい目で見られたい。ただその一事があるばかりで僕は学校の門をくぐりました。

동화 속 알짜 일본어

いやいやながら 마지못해

: 마음이 내키지는 않지만 남에게 시달리거나 재촉을 받아서 어쩔 수 없이 행동하는 것을 말한다.

学生時代は、いやいやながら勉強していた。

학생 때는 마지못해 공부했다.

先生に注意されて、いやいやながら友だちと仲直りをした。

선생님에게 주의를 받아 마지못해 친구와 화해를 했다.

ぶらぶら(と) 어슬렁어슬렁(하고), 빈둥빈둥(하고)

: 목표도 없이 거니는 모양이나 하는 일이 없는 모양을 나타낸다.

昨日は何もしないで、一日中家でぶらぶらしていました。

어제는 아무것도 안 하고 하루 종일 집에서 빈둥거렸어요.

ストレスが溜まると、気晴らしのために近所をぶらぶらと散歩します。

스트레스가 쌓이면 기분전환을 위해 동네를 어슬렁어슬렁 산책을 합니다.

門(もん)をくぐる 문을 통과하다, ~밑으로 들어가다

: 건물이나 땅 안으로 들어가는 것을 말한다. 문을 통과해서 들어가는 것이기 때문에 입학을 한다거나 기술이나 예술을 배우기 위해 제자로 들어가는 것을 말하기도 한다.

2浪して、やっと希望の大学の門をくぐることができた。

삼수해서 겨우 원하던 대학에 입학할 수가 있었다.

小説家になるために、小説の大家の門をくぐった。

소설가가 되기 위해서 소설의 대가 밑으로 들어갔다.

そうしたらどうでしょう、まず第一に待ち切っていたようにジムが飛んで来て、僕の手を握ってくれました。

そして昨日のことなんか忘れてしまったように、親切に僕の手をひいてどぎまぎしている僕を先生の部屋に連れていくのです。

僕はなんだかわけがわかりませんでした。

学校に行ったらみんなが遠くの方から僕を見て「見ろ泥棒のうそつきの日本人が来た」とでも悪口を言うだろうと思っていたのにこんなふうにされると気味が悪いほどでした。

동화 속 알짜 일본어

どぎまぎする 당황하다, 허둥대다

: 당황해서 어찌할 바를 모르고 허둥대는 모양을 나타낸다.

私は何と言っていいのかわからなくてどぎまぎしていた。

나는 뭐라고 말하면 좋을지 몰라서 허둥댔다.

急に質問され、どぎまぎして、うまく答えられなかった。

갑자기 질문을 받아 당황해서 답을 제대로 하지 못했다.

悪口(わるくち・わるぐち)を言(い)う 험담을 하다, 욕을 하다

: 타인의 나쁜 말을 하는 것을 말한다.

陰で人の悪口を言うのは卑怯だ。

뒤에서 남의 흉을 보는 것은 비겁하다.

どんなに悪口を言われても、まったく気にしない。

아무리 험담을 들어도 전혀 신경 쓰지 않는다.

こんなふうに 이런 식으로

: 순서나 모양을 지시하는 말이다. 비슷한 말로는 このように, こういうふうに가 있다.

こんなふうに歓迎されるとは、思ってもいなかった。

이런 식으로 환영을 받을 줄은 생각지도 못했다.

面接で質問されたら、こんなふうに答えるといいよ。

면접에서 질문 받으면 이런 식으로 답하면 돼.

二人の足音を聞きつけてか、先生はジムがノックしない前に、戸を開けてくださいました。二人は部屋の中に入りました。

「ジム、あなたはいい子、よく私の言ったことがわかってくれましたね。ジムはもうあなたからあやまってもらわなくってもいいと言っています。二人は今からいいお友達になればそれでいいんです。二人とも上手に握手をなさい」と先生はにこにこしながら僕達を向かい合わせました。

僕はでもあんまり勝手過ぎるようでもじもじしていますと、ジムはいそいそとぶら下げている僕の手を引っ張り出してかたくにぎってくれました。

僕はもうなんといってこのうれしさを表せばいいのか分らないで、ただ恥ずかしく笑うほかありませんでした。ジムも気持よさそうに、笑顔をしていました。

동화 속 알짜 일본어

~過(す)ぎる 너무 ~하다

: 동사나 형용사에 붙어 '지나치게 ~하다'라는 의미를 나타낸다.

昨日、お酒を飲み過ぎて頭が痛い。

어제는 너무 술을 많이 마셔서 머리가 아프다.

スピードを出し過ぎて、警察に捕まった。

속도를 너무 많이 내서 경찰에게 붙잡혔다.

もじもじする 머뭇머뭇하다, 우물주물하다, 주저주저하다

: 우물거리거나 망설이는 모양을 말한다.

初めての合コンで、恥ずかしくてもじもじしていた。

첫 미팅이라 부끄러워서 머뭇머뭇했다.

緊張のあまり、何も言えないでもじもじしていた。

너무 긴장한 나머지 아무 말도 하지 못하고 머뭇머뭇거리고 있었다.

~ほかない ~하는 수밖에 없다

: 동사의 사전형에 붙어 그것 말고는 다른 방법이 없을 때 쓰는 표현이다.

コロナのせいで、店を閉めるほかなかった。

코로나로 인해 가게를 접을 수밖에 없었다.

終電に乗り遅れてしまって、タクシーを利用するほかなかった。

막차를 놓쳐버려서 택시를 이용할 수밖에 없었다.

先生はにこにこしながら僕に、「昨日の葡萄はおいしかったの」と問われました。僕は顔を真っ赤にして「ええ」と白状するより仕方がありませんでした。

「そんならまたあげましょうね」

そう言って、先生は真っ白なリンネルの着物につつまれた体を窓からのび出させて、葡萄の一房をもぎ取って、真っ白い左の手の上に粉のふいた紫色の房を乗せて、細長い銀色のはさみで真ん中からぷつりと二つに切って、ジムと僕とにくださいました。

真っ白い手のひらに紫色の葡萄の粒が重なって乗っていたその美しさを僕は今でもはっきりと思い出すことができます。

동화 속 알짜 일본어

にこにこする 싱글벙글 웃다

: 즐거운 듯 미소를 띄우는 모양을 말한다.

いつもにこにこしている人は、皆に好かれる。

항상 싱글벙글 웃고 있는 사람은 모두에게 사랑 받는다.

誕生日のプレゼントをもらって、にこにこしている。

생일 선물을 받아서 싱글벙글 하고 있다.

白状(はくじょう)する 자백하다

: 자기가 저지른 죄나 자기의 허물을 남들 앞에서 스스로 고백하는 것을 말한다.

証拠を見せられて、白状するしかなかった。

증거를 보여줘서 자백할 수밖에 없었다.

問(とい)詰(つ)める 추궁하다, 캐묻다

犯人は問い詰められて、ついに白状した。

범인은 추궁 당하자 결국 자백했다.

ぷつりと切(き)る 싹둑 자르다

: ぷつり＝ぷっつり는 '싹둑, 뚝, 딱, 툭'이란 뜻으로, 어떤 물건을 도구나 기계 따위가 해결할 수 있을 만큼의 힘으로 단번에 자르거나 베는 소리나 모양을 나타낸다. 또는 어느 시기 이후 끊어져 버리는 모양을 나타내기도 한다. 타동사 切る를 쓰면 'ぷつりと切る 뚝 끊다, 싹둑 자르다', 자동사 切れる 를 쓰면 'ぷつりと切れる 뚝 끊어지다'라는 의미가 된다.

テープを真ん中でぷつりと切った。

테이프를 중앙에서 싹둑 잘랐다.

電話が急にぷつりと切れた。

전화가 갑자기 뚝 끊어졌다.

僕はその時から前より少しいい子になり、少しは<u>にかみ屋</u>でなくなったようです。

それにしても僕の大好きなあのいい先生はどこに行かれたでしょう。

もう二度とは会えない<u>と知りながら</u>、僕は今でもあの先生がいたらなあと思います。

秋になるといつでも葡萄の房は紫色に<u>色づいて</u>美しく粉をふきますけれども、それを受けた大理石のような白い美しい手はどこにも見つかりません。

동화 속 알짜 일본어

はにかみ屋(や) 부끄럼을 잘 타는 사람, 수줍음을 잘 타는 사람

: 부끄러움을 많이 타는 사람을 말하며, 비슷한 말로는 照(て)れ屋(や), 恥(は)ずかしがり屋(や)가 있다.

彼はとてもはにかみ屋の内気な少年だった。

그는 수줍음을 아주 많이 타는 내성적인 소년이었다.

隣の家の子は、はにかみ屋さんのかわいい女の子です。

옆집 아이는 수줍음 많은 귀여운 여자 아이입니다.

～と知(し)りながら ~라는 것을 알면서도

: 알면 할 것 같지 않을 그런 일을 굳이 하는 것을 말한다.

タバコは体に悪いと知りながら、どうしてもやめられません。

담배가 몸에 나쁘다는 것을 알면서도 아무리 해도 끊을 수가 없습니다.

詐欺だと知りながら、話を聞いていた。

사기라는 것을 알면서도 이야기를 듣고 있다.

色付(いろづ)く 물들다

: 물이 든다는 것을 말한다. 주로 나뭇잎이나 열매 등이 아름답게 물들 때 주로 쓴다.

紅葉が色付いて、秋の到来を実感します。

단풍이 물들어 가을이 왔다는 것을 실감합니다.

リンゴが真っ赤に色づいて、とてもおいしそうです。

사과가 빨갛게 익어 정말 맛있어 보입니다.

5단계

낭독하기

一房の葡萄

1

 1-1

僕は小さい時に絵を描くことが好きでした。

僕の通っていた学校は横浜の山の手というところにありましたが、そこいらは西洋人ばかり住んでいる町で、僕の学校も教師は西洋人ばかりでした。そしてその学校の行きかえりにはいつでもホテルや西洋人の会社などが並んでいる海岸の通りを通るのでした。

通りの海沿いに立ってみると、真っ青な海の上に軍艦だの商船だのがいっぱい並んでいて、煙突からけむりの出ているのや、檣から檣へ万国旗をかけわたしたのやがあって、目がいたいようにきれいでした。

1-2

僕はよく岸に立ってその景色を見渡して、家に帰ると、覚えて
いるだけをできるだけ美しく絵に描いてみようとしました。

けれどもあの透きとおるような海の藍色と、白い帆前船など
の水際近くに塗ってある洋紅色とは、僕の持っている絵具で
はどうしてもうまく出せませんでした。いくら描いても描い
ても本当の景色で見るような色には描けませんでした。

ふと僕は学校の友達の持っている西洋絵具を思い出しまし
た。その友達はやはり西洋人で、しかも僕より二つくらい
年が上でしたから、背は見上げるように大きい子でした。

ジムというその子の持っている絵具は舶来の上等のもの
で、軽い木の箱の中に、十二色の絵具が小さな墨のように
四角な形にかためられて、二列に並んでいました。どの色
も美しかったが、とりわけて藍と洋紅とはびっくりするほ
ど美しいものでした。

1-3

ジムは僕より背が高いくせに、絵はずっと下手でした。そ
れでもその絵具を塗ると、下手な絵さえがなんだか見ちが
えるように美しく見えるのです。

僕はいつでもそれをうらやましいと思っていました。あんな絵具さえあれば僕だって海の景色を本当に海に見えるように描いてみせるのになあと、自分の悪い絵具を恨みながら考えました。

そうしたら、その日からジムの絵具がほしくってほしくってたまらなくなりました。けれども僕はなんだか臆病になってパパにもママにも買ってくださいと願う気になれないので、毎日毎日その絵具のことを心の中で思いつづけるばかりで幾日か日が経ちました。

1-4

今ではいつのころだったか覚えてはいませんが秋だったのでしょう。葡萄の実が熟していたのですから。

天気は冬が来る前の秋によくあるように空の奥の奥まで見すかされそうに晴れわたった日でした。

僕達は先生と一緒に弁当を食べましたが、その楽しみな弁当の最中でも僕の心はなんだか落ち着かないで、その日の空とはうらはらに暗かったのです。

僕は自分一人で考え込んでいました。誰かが気がついてみ

たら、顔もきっと青かったかもしれません。

1-5

僕はジムの絵具がほしくってほしくってたまらなくなってしまったのです。胸が痛むほどほしくなってしまったのです。

ジムは僕の胸の中で考えていることを知っているに違いないと思って、そっとその顔を見ると、ジムはなんにも知らないように、面白そうに笑ったりして、わきに座っている生徒と話をしているのです。

でもその笑っているのが僕のことを知っていて笑っているようにも思えるし、何か話をしているのが、「いまに見ろ、あの日本人が僕の絵具を取るに違いないから」といっているようにも思えるのです。僕はいやな気持ちになりました。けれどもジムが僕を疑っているように見えれば見えるほど、僕はその絵具がほしくてならなくなるのです。

2

2-1

僕はかわいい顔はしていたかもしれないが体も心も弱い子

でした。その上臆病者で、言いたいことも言わずにすます
ような質でした。だからあんまり人からは、かわいがられ
なかったし、友達もない方でした。

昼御飯がすむと他の子供達は活発に運動場に出て走り回っ
て遊びはじめましたが、僕だけはなおさらその日は変に心
が沈んで、一人だけ教室に入っていました。外が明るいだ
けに教室の中は暗くなって僕の心の中のようでした。

自分の席に座っていながら僕の目は時々ジムの机の方に走
りました。ナイフで色々ないたずら書きが彫りつけてあっ
て、手垢で真っ黒になっているあの蓋をあげると、その中
に本や雑記帳や鉛筆箱と一緒になって、飴のような木の色
の絵具箱があるんだ。そしてその箱の中には小さい墨のよ
うな形をした藍や洋紅の絵具が……

2-2

僕は顔が赤くなったような気がして、思わずそっぽを向いて
しまうのです。けれどもすぐまた横目でジムの机の方を見な
いではいられませんでした。胸のところがどきどきとして苦
しいほどでした。じっと座っていながら夢で鬼にでも追いか
けられた時のように気ばかりせかせかしていました。

教室に入る鐘がかんかんと鳴りました。僕は思わずぎょっとして立ち上がりました。生徒達が大きな声で笑ったりどなったりしながら、洗面所の方に手を洗いに出かけていくのが窓から見えました。

僕は急に頭の中が氷のように冷たくなるのを気味悪く思いながら、ふらふらとジムの机の所に行って、半分夢のようにそこの蓋をあげてみました。そこには僕が考えていたとおり雑記帳や鉛筆箱とまじって見覚えのある絵具箱がしまってありました。

なんのためだかしらないが僕はあっちこっちを見回してから、誰も見ていないなと思うと、手早くその箱の蓋を開けて藍と洋紅との二色を取り上げるが早いかポケットの中に押し込みました。そして急いでいつも整列して先生を待っている所に走っていきました。

2-3

僕達は若い女の先生に連れられて教室に入りめいめいの席に座りました。僕はジムがどんな顔をしているか見たくってたまらなかったけれども、どうしてもそっちの方を振り向くことができませんでした。でも僕のしたことを誰も気のついた様子がないので、気味が悪いような、安心したよ

うな心持ちでいました。

僕の大好きな若い女の先生のおっしゃることなんかは耳に入りは入ってもなんのことだかちっともわかりませんでした。先生も時々不思議そうに僕の方を見ているようでした。僕はしかし先生の目を見るのがその日に限ってなんだかいやでした。そんなふうで一時間が経ちました。なんだかみんな耳こすりでもしているようだと思いながら一時間が経ちました。

教室を出る鐘が鳴ったので僕はほっと安心してため息をつきました。けれども先生が行ってしまうと、僕は僕のクラスで一番大きな、そしてよくできる生徒に「ちょっとこっちにおいで」とひじの所をつかまれていました。

2-4

僕の胸は宿題をなまけたのに先生に名を指された時のように、思わずどきんと震えはじめました。けれども僕はできるだけ知らないふりをしていなければならないと思って、わざと平気な顔をしたつもりで、仕方なしに運動場の隅に連れていかれました。

「君はジムの絵具を持っているだろう。ここに出したまえ」

そう言ってその生徒は僕の前に大きく広げた手をつき出しました。そう言われると僕はかえって心が落ち着いて、「そんなもの、僕持ってやしない」と、ついでたらめを言ってしまいました。

そうすると三四人の友達と一緒に僕のそばに来ていたジムが、「僕は昼休みの前にちゃんと絵具箱を調べておいたんだよ。一つも無くなってはいなかったんだよ。そして昼休みが済んだら二つ無くなっていたんだよ。そして休みの時間に教室にいたのは君だけじゃないか」と少し言葉を震わしながら言いかえしました。

2-5

僕はもう駄目だと思うと急に頭の中に血が流れ込んで来て顔が真っ赤になったようでした。すると誰だったかそこに立っていた一人がいきなり僕のポケットに手を差し込もうとしました。

僕は一生懸命にそうはさせまいとしましたけれども、多勢に無勢でとてもかないません。僕のポケットの中からは、見る見るマーブル球（今のビー球のことです）や鉛のメンコなどと一緒に二つの絵具のかたまりがつかみ出されてしまいました。「それ見ろ」と言わんばかりの顔をして子供

達は憎らしそうに僕の顔を睨みつけました。

僕の体はひとりでにぶるぶる震えて、目の前が真っ暗になるようでした。いいお天気なのに、みんな休み時間を面白そうに遊び回っているのに、僕だけは本当に心からしおれてしまいました。

2-6

あんなことをなぜしてしまったんだろう。取りかえしのつかないことになってしまった。もう僕は駄目だ。そんなに思うと弱虫だった僕はさびしく悲しくなって来て、しくしくと泣き出してしまいました。

「泣いておどかしたって駄目だよ」とよくできる大きな子が馬鹿にするような憎みきったような声で言って、動くまいとする僕をみんなで寄ってたかって二階に引っ張っていこうとしました。僕はできるだけ行くまいとしたけれどもとうとう力まかせに引きずられてはしご段を登らせられてしまいました。そこに僕の好きな受持ちの先生の部屋があるのです。

やがてその部屋の戸をジムがノックしました。ノックするとは入ってもいいかと戸をたたくことなのです。

2-7

中からはやさしく「お入り」という先生の声が聞こえました。僕はその部屋に入る時ほどいやだと思ったことはまたとありません。

何か書きものをしていた先生はどやどやと入ってきた僕達を見ると、少し驚いたようでした。が、女のくせに男のように首の所でぶつりと切った髪の毛を右の手で撫で上げながら、いつものとおりのやさしい顔をこちらに向けて、ちょっと首をかしげただけで何の御用というふうをしなさいました。

そうするとよくできる大きな子が前に出て、僕がジムの絵具を取ったことをくわしく先生に言いつけました。先生は少し曇った顔付きをして真面目にみんなの顔や、半分泣きかかっている僕の顔を見比べていなさいましたが、僕に「それは本当ですか」と聞かれました。

本当なんだけれども、僕がそんないやな奴だということをどうしても僕の好きな先生に知られるのがつらかったのです。だから僕は答える代わりに本当に泣き出してしまいました。

2-8

先生はしばらく僕を見つめていましたが、やがて生徒達に向かって静かに「もう行ってもようございます」といって、みんなをかえしてしまわれました。生徒達は少し物足らなそうにどやどやと下に降りて行ってしまいました。

先生は少しの間なんとも言わずに、僕の方も向かずに自分の手の爪を見つめていましたが、やがて静かに立って来て、僕の肩の所を抱きすくめるようにして「絵具はもう返しましたか」と小さな声でおっしゃいました。僕は返したことをしっかり先生に知ってもらいたいので深々とうなずいてみせました。

「あなたは自分のしたことをいやなことだったと思っていますか」
もう一度そう先生が静かにおっしゃった時には、僕はもうたまりませんでした。ぶるぶると震えて仕方がない唇を、噛みしめても噛みしめても泣き声が出て、目からは涙がむやみに流れてくるのです。もう先生に抱かれたまま死んでしまいたいような心持ちになってしまいました。

2-9

「あなたはもう泣くんじゃない。よくわかったらそれでい

いから泣くのをやめましょう、ね。次の時間には教室に出ないでもよろしいから、私のこのお部屋にいらっしゃい。静かにしてここにいらっしゃい。私が教室から帰るまでここにいらっしゃいよ。いい？」とおっしゃりながら僕を長椅子に座らせて、その時また勉強の鐘がなったので、机の上の書物を取り上げて、僕の方を見ていられましたが、二階の窓まで高くはいあがった葡萄蔓から、一房の西洋葡萄をもぎって、しくしくと泣きつづけていた僕の膝の上にそれをおいて静かに部屋を出ていきなさいました。

3

3-1

一時がやがやとやかましかった生徒達はみんな教室に入って、急にしんとするほどあたりが静かになりました。僕はさびしくってさびしくってしようがないほど悲しくなりました。あのくらい好きな先生を苦しめたかと思うと僕は本当に悪いことをしてしまったと思いました。葡萄などはとても食べる気になれないでいつまでも泣いていました。

ふと僕は肩を軽くゆすぶられて目をさましました。僕は先生の部屋でいつの間にか泣き寝入りをしていたと見えます。

少し痩せて背の高い先生は笑顔を見せて僕を見下ろしていられました。

僕は眠ったために気分がよくなって今まであったことは忘れてしまって、少し恥ずかしそうに笑いかえしながら、慌てて膝の上からすべり落ちそうになっていた葡萄の房をつまみ上げましたが、すぐ悲しいことを思い出して笑いも何も引っ込んでしまいました。

3-2

「そんなに悲しい顔をしないでもよろしい。もうみんなは帰ってしまいましたから、あなたはお帰りなさい。そして明日はどんなことがあっても学校に来なければいけませんよ。あなたの顔を見ないと私は悲しく思いますよ。きっとですよ」
そういって先生は僕のカバンの中にそっと葡萄の房を入れてくださいました。

僕はいつものように海岸通りを、海を眺めたり船を眺めたりしながらつまらなく家に帰りました。そして葡萄をおいしく食べてしまいました。

けれども次の日が来ると僕はなかなか学校に行く気にはな

れませんでした。お腹が痛くなればいいと思ったり、頭痛がすればいいと思ったりしたけれども、その日に限って虫歯一本痛みもしないのです。

3-3

仕方なしにいやいやながら家は出ましたが、ぶらぶらと考えながら歩きました。どうしても学校の門を入ることはできないように思われたのです。

けれども先生の別れの時の言葉を思い出すと、僕は先生の顔だけはなんといっても見たくて仕方がありませんでした。僕が行かなかったら先生はきっと悲しく思われるに違いない。もう一度先生のやさしい目で見られたい。ただその一事があるばかりで僕は学校の門をくぐりました。

そうしたらどうでしょう、まず第一に待ち切っていたようにジムが飛んで来て、僕の手を握ってくれました。そして昨日のことなんか忘れてしまったように、親切に僕の手をひいてどぎまぎしている僕を先生の部屋に連れていくのです。

3-4

僕はなんだかわけがわかりませんでした。学校に行ったらみんなが遠くの方から僕を見て「見ろ泥棒のうそつきの日

本人が来た」とでも悪口を言うだろうと思っていたのにこんなふうにされると気味が悪いほどでした。

二人の足音を聞きつけてか、先生はジムがノックしない前に、戸を開けてくださいました。二人は部屋の中に入りました。

「ジム、あなたはいい子、よく私の言ったことがわかってくれましたね。ジムはもうあなたからあやまってもらわなくってもいいと言っています。二人は今からいいお友達になればそれでいいんです。二人とも上手に握手をなさい」と先生はにこにこしながら僕達を向かい合わせました。

3-5

僕はでもあんまり勝手過ぎるようでもじもじしていますと、ジムはいそいそとぶら下げている僕の手を引っ張り出してかたくにぎってくれました。僕はもうなんといってこのうれしさを表せばいいのか分らないで、ただ恥ずかしく笑うほかありませんでした。ジムも気持よさそうに、笑顔をしていました。

先生はにこにこしながら僕に、「昨日の葡萄はおいしかったの」と問われました。僕は顔を真っ赤にして「ええ」と

白状するより仕方がありませんでした。
「そんならまたあげましょうね」

そういって、先生は真っ白なリンネルの着物につつまれた体を窓からのび出させて、葡萄の一房をもぎ取って、真っ白い左の手の上に粉のふいた紫色の房を乗せて、細長い銀色のはさみで真ん中からぷつりと二つに切って、ジムと僕とにくださいました。

3-6

真っ白い手のひらに紫色の葡萄の粒が重なって乗っていたその美しさを僕は今でもはっきりと思い出すことができます。僕はその時から前より少しいい子になり、少しはにかみ屋でなくなったようです。

それにしても僕の大好きなあのいい先生はどこに行かれたでしょう。もう二度とは会えないと知りながら、僕は今でもあの先生がいたらなあと思います。

秋になるといつでも葡萄の房は紫色に色づいて美しく粉をふきますけれども、それを受けた大理石のような白い美しい手はどこにも見つかりません。

일본어 원서 읽기 **❶**

一房の葡萄
한 송이 포도

1 쇄 발 행	2020 년 12 월 28 일

원　　　작	아리시마 다케오
글·강의	오쿠무라 유지·임단비
펴 낸 이	임형경
펴 낸 곳	라즈베리
마 케 팅	김민석
디자인·그림	홍수미
교　　　정	김범철

등　　　록	제 2014-33 호
주　　　소	(우 01364) 서울 도봉구 해등로 286-5, 101-905
대 표 전 화	02-955-2165
팩　　　스	0504-088-9913
홈 페 이 지	www.raspberrybooks.co.kr

I S B N	979-11-87152-31-6 (13730)

「あなたは自分のしたことをいやなことだったと思っていますか」

もう一度そう先生が静かにおっしゃった時には、

僕はもうたまりませんでした。

ぶるぶると震えて仕方がない唇を、噛みしめても噛みしめても泣声が出て、

目からは涙がむやみに流れて来るのです。

"자신이 한 일을 나쁜 행동이었다고 생각하나요?"

다시 한 번 선생님이 조용한 목소리로 그렇게 말씀했을 때, 나는 더 이상 참을 수가 없었습니다.

부들부들 떨려오는 입술을 아무리 악물고 악물어봐도 울음소리가 기어코 새어 나오고

눈에서는 눈물이 펑펑 쉴 새 없이 흘러내리고 있었습니다.

それにしても僕の大好きなあのいい先生はどこに行かれたでしょう。

もう二度とは会えないと知りながら、

僕は今でもあの先生がいたらなあと思います。

그런데 내가 그렇게도 좋아하던 그 선생님은 어디로 가버린 걸까요?

이제 두 번 다시 만날 수 없다는 것을 알면서도

나는 아직도 그 선생님이 있었으면 좋겠다는 생각을 합니다.

やるぞ！

일본 문화와 회화를
한꺼번에 배우고 싶다면!

생활 단어와 회화가 듬뿍 담긴 책

백퍼 여행 일본어

일본 편의점이나 마트의 군것질거리 143개로
일본어를 습득하는 책

일본어를 군것질로 배웠습니다만?

살면서 한번쯤 말할 법한 질문과 대답으로
회화를 완성하는 일본어 회화책

일본어 즉문즉답

호민상이 일본에서 살면서 보고 느낀 일본어

유튜브 호민상의 일본이야기1

일본어를 더 깊이
파고 싶다면!

일본 관용어를 향한 긴 여행을 같이 떠나요!

일본어 독학은
'유하다요 기초일본어'만으로 충분해요!

❶ 82편의 무료 영상
❷ A+B=C식을 도입한 쉬운 설명
❸ 기본 원리를 이용한 수 많은 응용연습
❹ 생생한 예문

유하다요 기초일본어

❶ 신체 관용어, 생활 관용어,
　속담·격언, 고사성어, 사자성어가 한 권에!
❷ 본문 MP3
❸ 유튜브 강의 시작

백퍼 일본어 관용어사전

드라마, 애니까지 들리는 기적을 맛볼 수 있어요!

일본어를 배우고 있다면
원서 한 권쯤 꼭 읽어 보세요!

❶ 일본 애니, 일본 드라마 표현 456개
❷ 본문 MP3
❸ 팟빵 강의 456강

백퍼 일본어 회화체

❶ 인생 소설을 일본어로!
❷ 일본 유명 중견 배우 기무라 타에 낭독 파일
❸ 팟빵 강의 100강

세상에 하나뿐인 책

공부하다가 머리를
식히고 싶다면!

두뇌놀이 시리즈 1탄

캐릭터 그림자 찾기, 속담 다른 그림 찾기, 연중행사 같은 그림 찾기, 수수께끼, 수도쿠, 퍼즐 맞추기 등 100개의 재밌는 두뇌놀이 문제!

머리가 복잡할 때 효과만점 두뇌놀이 재밌겠다 추천!

두뇌놀이 재밌겠다

두뇌놀이 시리즈 2탄

들꽃, 들풀, 담쟁이덩굴, 화초, 화단, 담벼락, 한옥, 여행, 휴식, 애완견… 자연과 힐링을 주제로 만든 100개의 두뇌놀이 문제!

가족끼리 친구끼리 옹기종기 모여 누가누가 먼저 맞추나 소원 들어 주기 내기 한판 어떠세요?

두뇌놀이 힐링된다

두뇌놀이 시리즈 3탄

고조선의 단군왕검부터 독도 이야기까지 우리 역사 이야기 12가지 주요 장면을 중심으로 120개의 다양한 두뇌놀이 문제!

역사 현장 다른 그림 찾기, 역사 인물 그림자 찾기 등 재미와 유익이라는 두 가지 토끼를 잡을 수 있게 도와줄 문제들을 만나 보심이^^

두뇌놀이 역사여행

テンションが上がる

하루하루를 행복하게 보내고 싶다면!

일상생활 속에서 다양하게 적용할 수 있는 일러스트가 무려 1000개! 인물, 동물, 자연, 음식, 잡화, 생활도구, 계절 이벤트, 행사, 글씨 꾸미기, 장식선… 귀엽고 깜찍한 일러스트가 한가득! 일상생활의 소박한 행복찾기를 주저 말고 시작해 보세요!

귀엽고 깜찍한 손그림 일러스트

책장을 넘기면 한껏 멋을 부린 동물이 보이고, 동물 위로 소박한 집과 나무, 연기 나는 굴뚝, 식구수대로 걸어놓은 빨래, 앙증맞은 울타리, 흩날리는 꽃잎이 보입니다.
카메이치도의 친구들을 만나러 놀러 오세요. 반짝반짝 그림과 짧지만 굵은 스토리가 기다립니다.

재미있는 동물원

정원에 꽃을 심으세요. 정원이 없으면 작은 화분에라도 꽃을 심으세요. 그리고 365일 꽃이 피는 나만의 꽃달력을 만들어 보세요. 그 순간부터 하루하루 행복해집니다!

예쁘고 사랑스러운 꽃그림 수채화

작가가 작업을 하면서 꽁꽁 숨겨 두었던 46개의 마법의 수채화 테크닉을 대방출! 수채색연필은 붓과 물만 있으면 멋진 수채화를 완성할 수 있어요.
하루하루가 무료하다면 지금 시작해 보세요. 마법처럼 하루가 컬러풀해집니다.

마법의 수채화 수업

ドッキ～～ン